Armando Oscar Cavanha Filho

ENSAIOS EM GESTÃO

DEZ PARADOXOS PARA REFLEXÃO

Cópia não autorizada é crime • Respeite o direito autoral • Lei 9.610 de 19/2/1998

EDITORA
CIÊNCIA MODERNA

Editor: Paulo André P. Marques
Supervisão Editorial: João Luís Fortes
Capa: Paulo Vermelho
Diagramação: Érika Loroza
Revisão de provas: Larissa Neves Ventura
Assistente Editorial: Daniele M. Oliveira

FICHA CATALOGRÁFICA

Filho, Armando Oscar Cavanha
Ensaios em Gestão – Dez Paradoxos para Reflexão
Rio de Janeiro: Editora Ciência Moderna Ltda., 2004.

Administração de empresas
I — Título

ISBN: 85-7393-354-2   CDD 658.4

Editora Ciência Moderna Ltda.
Rua Alice Figueiredo, 46
CEP: 20950-150, Riachuelo – Rio de Janeiro – Brasil
Tels.: (021) 2201-6662/2201-6492/2201-6511/2201-6998
Fax: (021) 2201-6896/2281-5778
E-mail: LCM@LCM.COM.BR
WWW.LCM.COM.BR

Aos meus pais, Flora e Armando

Não somos nós que geramos a flecha do tempo.
Muito pelo contrário, somos seus filhos.
(Ilya Prigogine)

SUMÁRIO

PREFÁCIO VII

INTRODUÇÃO XI

CAPÍTULO 1 - ANÁLISE E SÍNTESE 1

CAPÍTULO 2 - POSSÍVEL E PROVÁVEL 11

CAPÍTULO 3 - RISCO E INVERTEZA 17

CAPÍTULO 4 - TEMPO E OPORTUNIDADE 25

CAPÍTULO 5 - DEMANDA E CICLO 31

CAPÍTULO 6 - ESTRATÉGIA E EXECUÇÃO 37

CAPÍTULO 7 - REDUNDÂNCIA E CONTINGÊNCIA 47

CAPÍTULO 8 - FALTA OU EXCESSO 53

CAPÍTULO 9 - INTUIÇÃO E RAZÃO 57

CAPÍTULO 10 - PERSISTÊNCIA E ABANDONO 65

ANEXO I 73

ANEXO II 77

ANEXO III 81

LEITURA RELACIONADA 89

Prefácio

Pelo fato de compartilhar tantos desafios com o Eng° Armando Oscar Cavanha Filho, este meu amigo e colega de vários anos de convivência me convidou para contribuir com um Prefácio para o seu Ensaios em Gestão – 10 Paradoxos para Reflexão. Fiquei honrado pelo convite, primeiro, pela amizade que nos une e, segundo, pela admiração que tenho pela sua capacidade e persistência em apresentar sempre bons resultados em todas as tarefas em que se engaja. Neste ensaio, ele analisou o tema "Gestão", dividindo-o em dez paradoxos, descrevendo cada um deles de forma bem fundamentada e detalhada, com o zelo que lhe é próprio. Nesta obra, Cavanha, mais uma vez, abriu sua mente e utilizou sólidas argumentações, com exemplos e caixas de textos laterais, expondo o tema com uma riqueza de considerações que leva o leitor a uma reflexão muito proveitosa. Aliás, o leitor mais atento perceberá que, em cada palavra, frase ou parágrafo reside uma reflexão.

Valendo-me do espírito de reflexão em que fui envolvido e da riqueza do texto, posso me permitir tomar emprestadas algumas palavras deste ensaio, para registrar, no Prefácio, o que ficou cristalizado em minha mente após a minha leitura. Nesse sentido, vou recorrer do conceito "síntese", por sinal muito bem colocado pelo autor, e as palavras que ele muito bem selecionou para representar cada binômio.

Gestor é aquele que tem habilidade para praticar a análise numa granulosidade tal, que a síntese seja objetiva. Que sabe navegar entre o possível sem perder o provável. Que quantifica o risco e o assume quando vantajoso, apesar das incertezas associadas. Percebe o tempo correto para aproveitar as oportunidades. Sabe identificar a demanda e o caminho que esta faz nos ciclos de alta e baixa. Para tanto, utiliza-se de estratégias para visualizar os objetivos e executa para auferir dos resultados. É redundante naquilo que é necessário e é contingente como alternativa. Não erra por falta nem por excesso porque usa a razão, mas faz uso da sua intuição para se diferenciar dos demais. Tem persistência, mas sabe a hora certa quando deve parar, para abandono ou para mudança de direção.

Com isso, algumas perguntas e tentativas de respostas surgem na minha mente.

Não parece que este Gestor é um super-homem? Depende de que ponto se está olhando. Num mesmo nível de competitividade, ele é simplesmente o concorrente que, evidentemente, merece o nosso respeito. Com certeza, haverá alguém num nível mais elevado, para orientar ou ser simplesmente seguido. Com a mesma certeza, haverá alguém num nível inferior, para ser orientado.

Como chegar a esse nível? Alguns o alcançam naturalmente, por meio de habilidades inatas. Outros adquirem novos conhecimentos, aprimorando-se, ou não, em escolas acadêmicas. Todos recorrem a ferramentas da matemática, do probabilismo e da estatística.

O que é Gestão? Dentro de uma certa escala, todos nós somos Gestores. As diferenças surgem na identificação do problema, do ambiente e da complexidade. Se um processo é simples, isso não significa que é fácil de ser gerido - talvez ele seja simples porque alguém já o analisou e o sintetizou de uma maneira simples. Por sua vez, um processo complexo não acarreta, necessariamente, a sua lucratividade. Na verdade, o bom gestor conhece e reconhece a atividade que está gerindo e retira dela a riqueza, ganhando, assim, a admiração de todos.

O trabalho Ensaios em Gestão do Eng° Cavanha é uma obra extraordinária, que merece ser lida e divulgada, com certeza, convocando o leitor a uma reflexão aprofundada.

Eng° Lideniro Alegre, Ph.D.

Introdução

Os limites humanos são individuais, apesar de as referências serem coletivas. Iniciativa, ousadia, ou exagero, depende de quem analisa, de quem compara.

Como categorizar um indivíduo com dois ou três adjetivos, pelas atitudes visualizadas em algumas horas de convívio? Pois é assim que funciona o dinâmico mundo civilizado, um conjunto de avaliações e ações que carregam a genética (caracteres herdados) e a história vivencial (características adquiridas) de cada ser, comparando-as constantemente com as de outros.

Sucesso, felicidade, frustração, embora diários e primários, direcionam o ambiente, conduzem os desejos e as obrigações.

Vitórias e fracassos, aprendizados e sacrifícios, podem ser caminhos sem dono e sem volta, construídos, em parte, pela nossa própria imaginação.

Pois é comum ocorrerem resistências, convicções, reações, nem sempre úteis, sempre que a estabilidade é contestada. Há, de certa forma, uma forte contradição entre a dita estabilidade e o desejo de mudanças. Por vezes, ainda faltam informações, conexões e explicações, e os paradigmas aparecem como assuntos pouco explicados ou mal interpretados.

E as contradições, principalmente quando o oposto de algo é igualmente verdadeiro, o paradoxo, a duplicidade e a dubiedade de conceitos, diárias e comuns, permanentes ou coexistentes, não são privilégio de poucos, mas estão vivas e atuantes.

O processo de gestão, quer de pessoas, conjuntos, sistemas, ativos, requer um pouco mais do que bom senso e lógica, mas sugere intuição e recorrência.

Muitos destinos são traçados em ambientes de falta de senso, iniciativa sem base, jogo aleatório e atitude desvinculada.

Não há um caminho único para a gestão eficaz, mas sim atitudes e comportamentos catalizadores, ensaios sobre intenções de acerto, objetivos construtivos. A resposta é apenas conseqüência, resultado, mensurável ou não, de um conjunto harmonioso, principalmente quando percebida a constante intenção do bem comum.

Uma vez que esta publicação está caracterizada como um ensaio, não se deve esperar dela compromissos com a abordagem clássica dos assuntos ou, nem mesmo, esperar um tratamento completo ou certeiro dos temas. Entenda-se como sendo pertencente à classe das tentativas e erros, proporcionando possibilidade de reflexões e críticas.

Recomenda-se a leitura do texto raciocinando-se, também, pelo oposto do que está sendo dito.

Alguns dos principais termos utilizados no texto estão referenciados, segundo diferentes fontes, como segue:

PARADIGMA - Termo com o qual Thomas Kuhn designou as realizações científicas (por exemplo a dinâmica de Newton ou a química de Lavoisier) que geram modelos que, por período mais ou menos longo e de modo mais ou menos explícito, orientam o desenvolvimento posterior das pesquisas exclusivamente na busca da solução para os problemas por elas suscitados.

Popularmente: algo que possui alta resistência à mudança, que necessita esforço anormal para ser vencido.

segundo o Dicionário Aurélio

PARADIGMA - Kuhn, Thomas - Epistemólogo e historiador das ciências americano, famoso pelo seu conceito de paradigma, que permitiria conceber a história das ciências como um processo a dois tempos: a ciência normal, período em que a evolução da ciência seria guiada por um paradigma definido, e ciência extraordinária, quando o paradigma vigente seria posto em causa, dando lugar eventualmente a um novo paradigma. Algumas obras: A estrutura das revoluções científicas, A revolução copernicana.

PARADIGMA - Conceito da epistemologia de T. Kuhn. Um certo quadro mental, uma visão do mundo dominante durante algum tempo numa área científica particular, influenciando a percepção da natureza e orientando a pesquisa científica. Por exemplo, os sistemas ptolomaico e copernicano, as mecânicas newtoniana e einsteiniana, etc.

http://pages.madinfo.pt/filosofia/apend/gloss08.html #paradigma

PARADOXO - Conceito que é ou parece contrário ao comum; contra-senso, absurdo, disparate

Contradição, pelo menos na aparência

Figura em que uma afirmação aparentemente contraditória é, no entanto, verdadeira.

segundo o Dicionário Aurélio

PARADOXO - Proposição que contraria a opinião comum ou que se opõe aos conhecimentos de um meio ou de uma época – ou contrário à verossimilhança. Expressão que procura surprender ou escandalizar.

segundo o Vocabulário de Filosofia Jolivet

PARADOXO - Em sentido amplo, «paradoxo» significa o que é «contrário à opinião recebida e comum», ou à opinião admitida como válida. Em Filosofia, paradoxo designa o que é aparentemente contraditório, mas que apesar de tudo tem sentido. Em Matemática, fala-se muitas vezes de paradoxo matemático ou paradoxo lógico, ou seja, de uma contradição deduzida no seio dos sistemas lógicos e das teorias matemáticas. No entanto, as fronteiras do conceito de paradoxo não estão muito bem definidas. As ideias de conflito ou de dificuldade insuperável parecem acompanhar de forma estável a ideia de paradoxo. Mas, demasiado gerais, elas podem servir também para caracterizar «antinomia» (que originariamente significava conflito entre duas leis) ou «aporia» («caminho sem saída»). Um paradoxo lógico consiste em duas proposições contrárias ou contraditórias derivadas conjuntamente a partir de argumentos que não se revelaram incorrectos fora do contexto particular que gera o paradoxo. Ou seja, partindo de premissas geralmente aceites e utilizadas, é (pelo menos aparentemente) possível, em certas condições específicas, inferir duas proposições que ou afirmam exactamente o inverso uma da outra ou não podem ser ambas verdadeiras. Os paradoxos são conhecidos e discutidos desde a antiguidade e o seu aparecimento tem impulsionado, em vários casos, um estudo mais rigoroso e profundo dos fundamentos da matemática. **Mora, J. F.(1986). Dicionário de Filosofia. Barcelona: Alianza Editorial.**

ENSAIO - Prova ou experiência com o fim de verificar o desempenho de alguma coisa. Exame, análise, apreciação. Tentativa, experiência. Preparo ou instrução disciplinada com um fim em vista; treino, treinamento. Obra literária em prosa, analítica ou interpretativa, sobre determinado assunto, porém menos aprofundada e/ou menor que um tratado formal e acabado.

segundo o Dicionário Aurélio

ENSAIO E ERROS – Procedimentos de formação de hábitos por tentativas e aproximações fortuitas.

segundo o Vocabulário de Filosofia Jolivet

ENSAIO - Meio utilizado para testar se algo convém ao fim a que se destina; prova; experiência; tentativa; exame; tirocínio; primeira aplicação feita em determinada arte ou ramo de actividade para verificar a habilidade e exercitar a destreza; treino; execução preparatória de uma peça musical, teatral ou outra. do Ing. Essay - Escrito que, sem chegar à extensão de um tratado ou monografia, aborda uma matéria (de carácter científico, filosófico, histórico, ou literário) sem o esgotar e sem o aprofundar demasiado.

segundo o Dicionário Priberam de Portugal

O ESTUDO CIENTÍFICO - O método científico se caracteriza por observar o Universo a partir das diversas grandezas que o compõem, ou seja, com base em variáveis (grandezas que podem variar ao longo do tempo ou de caso para caso) e constantes (grandezas que, para todos os fins práticos, não variam). Para se atingir a capacidade de realizar previsões e de se identificar as intervenções necessárias para se modificar as coisas de modo favorável, é preciso considerar três tipos de variáveis:

Variáveis Preditivas ou Independentes: São aquelas que se observa ou manipula para verificar a relação entre suas variações e o comportamento de outras variáveis, ou seja, correspondem àquilo em função do qual se deseja conseguir realizar previsões e/ou controle.

Variáveis Resposta ou Dependentes: São aquelas cujo comportamento se quer verificar em função das oscilações das variáveis preditivas, ou seja, correspondem àquilo que se deseja prever e/ou controlar.

Variáveis Estranhas ou Espúrias: São variáveis que não são diretamente objeto de estudo mas que também interferem na relação entre as variáveis preditivas e as dependentes.

O chamado ensaio científico é uma seqüência de procedimentos na qual o pesquisador manipula variáveis preditivas e verifica o comportamento das variáveis dependentes, controlando o efeito de variáveis estranhas.

http://www.vademecum.com.br/iatros/ensaio.htm

GESTÃO - Ato de gerir; gerência, administração. Ter gerência sobre; administrar, dirigir, reger; gerenciar.

segundo o Dicionário Aurélio

ABSURDO - significa contrário à razão. Habitualmente, chamamos absurdo ao que está fora do considerado «normal» ou que está contra ou se afasta do sentido «comum». É frequente falar-se de proposições absurdas ou crenças absurdas, com efeito, podemos conceber crenças absurdas e expressá-las em proposições que não têm um aspecto absurdo. É também frequente dar um sentido lógico –ou se quisermos, ilógico- a "absurdo", equiparando absurdo a ilógico. Neste sentido, surge a expressão "Redução ao absurdo", que designa um tipo de raciocínio, que consiste em provar uma proposição p, assumindo a falsidade de p e demonstrando que da falsidade de p se deduz uma proposição contraditória com p. Há, no entanto, uma outra acepção de absurdo, estritamente ligada a sem sentido. Por exemplo, quando falamos de um rectângulo redondo, um triângulo com quatro lados, substâncias imateriais, etc. estamos a falar de coisas sem sentido. Segundo alguns autores, estas situações não traduzem um erro mas antes uma situação em que as palavras carecem de significação, isto é, são absurdas. **Mora, J. F.(1986). Dicionário de Filosofia. Barcelona: Alianza Editorial.**

CAPÍTULO 1

ANÁLISE E SÍNTESE

O processo decisório decorre de alternativas sobre sínteses, da seleção de uma visão simplificada obtida de um sistema real. Chega-se a uma ou algumas opções e adere-se a apenas uma delas, como se

> *Não há nada simples na natureza; só há o simplificado.*
> *(Gaston Bachelard)*

fosse a de maior interesse ou retorno, ou menor risco. Mas, para obter-se a síntese, é necessária uma análise precedente, em que são evidenciadas e valoradas as diversas variáveis do sistema, percebidas as suas diferenças e semelhanças, obtendo-se, no resumo, a síntese.

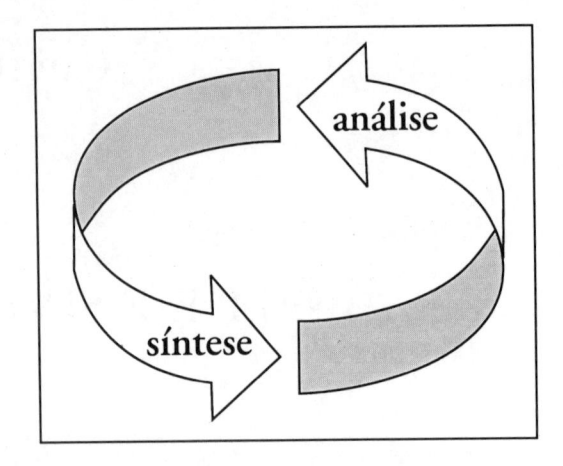

O primeiro passo é a análise, o detalhamento, o estudo, a crítica; como consequência ,vem o resumo, a síntese.

> *A imaginação não sadia recusa a crítica.*
> *(citado por Mansour Challita)*

Mas, com a inserção da síntese obtida na realidade, no momento de sua aplicação, decorre a necessidade de uma nova análise, uma nova avaliação comparativa entre realidade e fatores existentes, que produzem, novamente, outra síntese.

E, assim, de forma contínua e dependente, análise e síntese convivem de forma recorrente, cada uma gerando a sua fraterna subseqüente. O formalismo científico para o binômio aná-

> *Análise e síntese são processos que devem ser recorrentes.*
> *(Hegel)*

lise e síntese não é dispensável, porém não é condição de existência, já que o bom senso e a argumentação sadia são suficientes para ciclos de aperfeiçoamento contínuo ou, até mesmo, de saltos de conhecimento.

Na busca das causas, há aqueles que, com freqüência, se diferenciam por captar o âmago da questão, o centro do proble- ma, em curto espaço de tempo, enquan- to há outros que permanecem mais

> *A cada resposta*
> *surgem 10 novas*
> *perguntas.*
> *(Henri Poincaré)*

longamente no campo da observação, no processo de elaboração.

Há suficiente espaço para as diferenças e os diferentes. A arte da gestão deve saber explo- rar as características individu- ais. O tipo de pessoa caracteri-

> *Não esqueçamos que o contrário*
> *de "igual" não é "superior ou*
> *inferior", mas "diferente."*
> *(citado por Mansour Challita)*

za uma maneira de ser, pensar e agir, possuindo ou não rapidez, precisão, ou ambos, nas análises e sínteses.

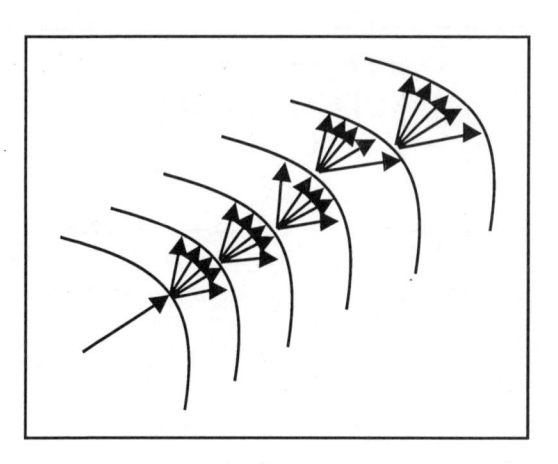

Quando o indivíduo possui a característica velocidade, administrar a sua impaciência pode não ser uma tarefa simples pois, como "descobre a verdade" rapidamente, sofre com o "passar inútil do tempo". Esta certeza que possui e as dúvidas dos outros, para ele

> *A análise superficial de um assunto tem o risco de concluir algo exatamente em oposição à verdade que seria encontrada, caso houvesse aprofundamento suficiente do mesmo tema.*
> *(Lideniro Alegre)*

tediosas, podem causar insatisfação e frustração. Deve-se conceder especial tratamento àqueles que possuem tais características, aproveitando-os para o senso produtivo.

Neste tema, vale lembrar que os pilares da criatividade são o conhecimento de referência, a vontade e o aleatório (o acaso). Este último componente não depende do querer, mas sim de eventos não controlados no campo do possível.

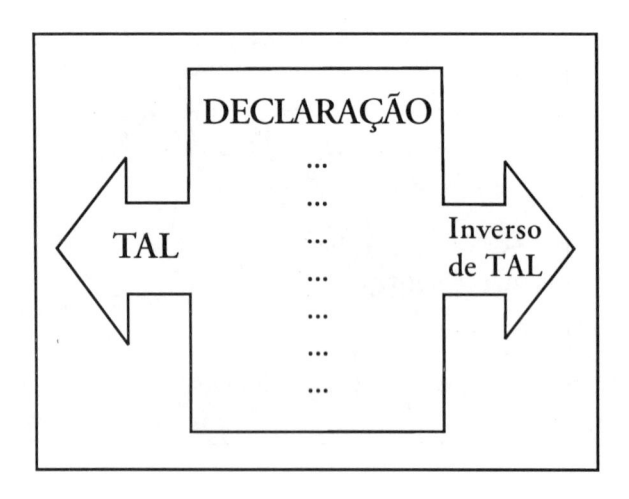

No campo das hipóteses e na Ciência, a cada resposta obtida, surgem dez novas perguntas,

> *As probabilidades traduzem nossa ignorância, nossa falta de informação.*
> *(Gibbs e Einstein)*

novos desafios, novas questões. Não é diferente em gestão.

Quando são superadas etapas, novos desafios aparecem, e distintos objetivos são almejados. As alternativas não param de ocorrer, sempre que se atinge um outro patamar de conhecimento. As decisões e opções de cada nível correspondem ao limite deste conhecimento e ao grau de risco da tomada de decisão.

Quando se está frente a uma nova etapa, o desconhecido toma conta do ambiente e perfaz as indagações e as alternativas, sem que se identifique o valor correto de cada uma das hipóteses possíveis. Os caminhos alternativos existentes propiciam a sua seleção, que depende da valoração de cada opção, com base nas chances de sucesso. De forma objetiva ou por meio de intuição, são comparadas as oportunidades e os potenciais de cada alternativa, e, no momento necessário, são tomadas as decisões sobre qual caminho será o escolhido. Os erros e os desvios são administrados ao longo da implementação da hipótese escolhida, nem sempre de forma suave. O leme fica disponível ao implementador, que segue o curso, ou desfaz o caminho, existindo distintos preços para cada uma das situações dentre as quais se optar.

Gerar perguntas pode ser uma excelente maneira de garantir a avaliação de todas as possibilidades existentes, antes de uma decisão.

O nível de aprofundamento de um tema complexo requer cautela, pois é possível que sejam poucas ou fracas as diferenças entre uma proposta e a sua contrária.

> *A granulosidade da análise melhora a qualidade do entendimento da hipótese.*
> *(Lideniro Alegre)*

Quando há grupos defendendo uma ou outra hipótese, estes enumeram os elementos e argumentos para cada opção, defendendo a sua visão e procurando aquilo que suporta o seu interesse. Este é um momento significativo, o de conhecer a necessidade de maior ou menor aprofundamento, de uma investigação suplementar, na busca das raízes e elementos de convicção de uma idéia.

As decisões não devem estar baseadas no poder do grupo defensor de cada tese, mas sim nas verdadeiras variáveis que compõem a questão, as suas conseqüências, o seu resultado provável.

O custo de reverter uma decisão ou substituí-la por outra, oposta, aumenta com o nível de semelhança entre elas, ou seja, quanto menos diferenciáveis são as opções em estudo, após uma

> *A afirmação de algo presupõe a existência de seu contrário, tese e antítese.*
> *(Engels)*

decisão, mais complexa é a sua inversão. A análise pode levar em conta elementos de profundidade suficientes que assegurem não haver, no conjunto do conhecimento disponível, nenhuma outra informação relevante que possa tornar inversa a situação original. Aprofundar quer dizer aumentar a qualidade das informações, imergir no sentido da busca das raízes e causas, traduzir aquilo que não for de linguagem simples, alinhar evidências e entender, de fato, de qual situação se está tratando.

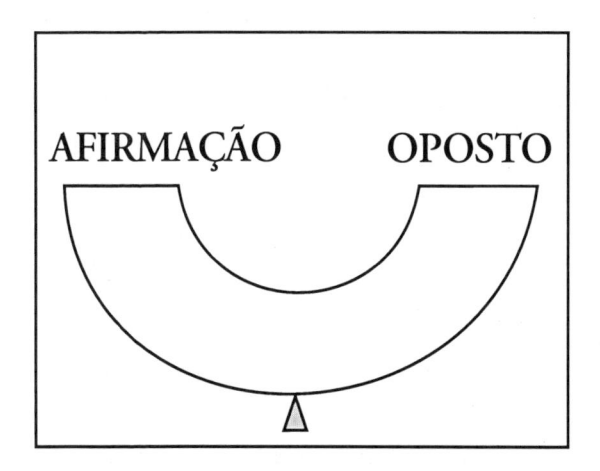

Não há, em gestão, conceito isolado ou afirmação que detenha 100% de verdade, isoladamente. Haverá, sempre, outra forma de explicar algo, ou mesmo o contraditório de uma versão.

A não ser nas ciências puras, onde a abstração e a teorização podem ser levadas ao limite desejável, em gestão e nas ciências da natureza, heverá sempre o outro lado da questão. Na visão probabilística, procura-se atribuir chances diferenciadas aos diversos fatores, de forma a quantificar o valor dos opostos. Trata-se de redução de complexidade, de sínteses sucessivas por aproximação. Mas tratar o oposto como possível é uma arte na gestão. Verificar a aderência do contrário, do contraditório, as raízes de sua existência, ou mesmo a quantidade de verdade ao longo do tempo, são elementos de necessária convivência, que podem confrontar os modelos mais simplistas e conservadores. Como o oposto normalmente surge de uma afirmação sobre o subjetivo, a sua existência pode ter maior ou menor intensidade em função daquilo que foi levado em conta para ser exercida a sua escolha. Assim, não há como reduzir a zero a probabilidade de o oposto existir, e este deve ser tratado como uma hipótese, verificada a sua capacidade e entendida como possível. Só o tempo poderá confirmar a dimensão do acerto, da escolha, ou do caminho. Quando há diferenciação entre as hipóteses, ou mesmo quando o oposto possui chance, mas não perturba a afirmação original, nada há de se temer.

A síntese torna-se complexa quando se percebe o oposto de uma certa afirmação tendo igual oportunidade e risco de existência. Seria como dizer que preocupante se torna quando o oposto de algo é igualmente verdadeiro. A coexistência significativa entre uma afirmação e o seu oposto, em gestão, assemelha-se ao equilíbrio instável da física. O processo de análise e síntese sucessivos devem, na maior parte das vezes, resolver a questão. Se isto não ocorrer, certamente, haverá um ambiente de risco alto, a decisão será sempre duvidosa, e a sensação de que o oposto poderia ter sido uma melhor escolha causa instabilidade e frustração.

Ocorre que ter um oposto igualmente verdadeiro não depende unicamente da vontade ou desejo de quem analisa ou sintetiza. As variáveis podem ser do ambiente, do sistema, e a sua escolha não pode depender da decisão do indivíduo. É

> *Discernir entre diferenças é conhecimento. Diferençar entre semelhanças é sabedoria.*
> *(Theos Bernard)*

certo que o desconhecimento de um sistema induz à percepção de igualdade entre hipóteses, pois a superficialidade da análise pode cegar a percepção de dimensões ocultas, que podem representar a sensação de impasse, equilíbrio entre as hipóteses. Se fazer algo significa o mesmo que não fazer, em gestão, é necessário recorrer às estratégias, revê-las, realinhá-las, reconhecer o verdadeiro direcionador do sistema que se analisa. Sempre haverá uma forma de avaliar e ponderar as variáveis sob análise, de maneira a discernir entre as diferenças.

Enfim, a análise é um processo divergente e expansivo, enquanto a síntese é um processo convergente e redutor.

Gestão é um processo que se utiliza fortemente deste binômio análise-síntese, confundindo-se, com freqüência, com o próprio binômio em si.

CAPÍTULO 2

POSSÍVEL E PROVÁVEL

Hipóteses, com maior ou menor chance de ocorrência, devem ser estudadas e consideradas em ambientes

> *O possível é mais rico que o real. O universo ao nosso redor deve ser compreendido a partir do possível, não a partir de um estado inicial qualquer do qual pudesse, de qualquer maneira, ser deduzido.*
>
> *(Bergson)*

de gerenciamento. Se algo é possível, deve ser apreciado. O fato de ser pouco ou muito provável é uma questão posterior de quantificação de probabilidade e de risco.

A realidade é complexa e portanto não permite ser lida diretamente, mas sim por meio de interpretações, que geram hipóteses e distintas abordagens sobre um mesmo conteúdo.

> *A palavra "acaso" exprime nossa ignorância das causas.*
> *(Lamarck)*

Tratar o possível é ampliar as hipóteses sobre uma realidade, considerando todas as imagens disponíveis e permitindo que cada uma delas permeie pelos caminhos da análise, dando espaço para avaliação.

> *Sábio é o homem que chaga a ter consciência da sua ignorância.*
> *(Barão de Itararé)*

A diferença entre a complexidade da realidade e a soma das visões simplificadas das hipóteses formuladas deve ser reduzida ao mínimo.

> *O termo "escolha" significa que nada na descrição macroscópica permite privilegiar uma das soluções.*
> *(Ilya Prigogine)*

Um conjunto composto é um somatório de partes simples, justapostas, enquanto um sistema complexo é um conjunto de partes inseparáveis, um aglomerado indivisível, onde só há sentido em se falar do todo.

> *As violações são necessárias para o progresso.*
> *(Paul Feyerabend)*

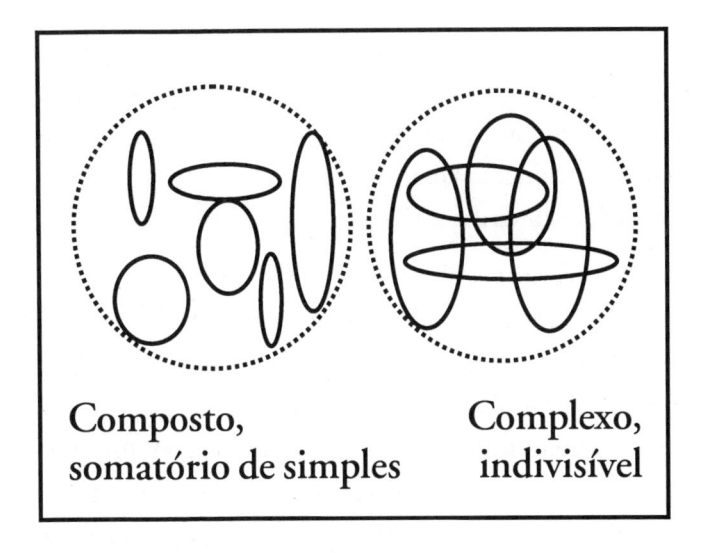

Composto,
somatório de simples

Complexo,
indivisível

A tentativa de separar as partes, nos sistemas complexos, induz à perda de substância, informação e características. Na busca da explicação de sistemas complexos, o homem não foi capaz de obter informações que o fizessem controlá-los, apenas percebê-los com certa aproximação, por vezes somente suficiente.

Para permitir tratar sistematicamente os dados e encapsular o seu conhecimento sobre sistemas complexos, dando espaço para movimentar-se das análises para as sínteses, aparece o conceito da probabilidade, uma ferramenta de medida da ignorância sobre sistemas complexos, que matematiza as porções simplificadas dos sistemas de difícil compreensão.

O uso das probabilidades admite que se obtenham valores e números que sintetizam as visões mais densas de determinadas faixas de ocorrência de eventos complexos.

> *A vida só é possível num universo longe do equilíbrio.*
> *(Ilya Prigogine)*

É uma maneira de contornar a insuficiência de conhecimento, quer por limitação, despreparo ou complexidade

> *Tenha certeza de suas dúvidas.*
> *(São Tomás de Aquino)*

de determinado assunto, e resolver esta carência por intermédio de expectativas de repetição de um passado medido, no futuro que se deseja vivenciar. Na análise de probabilidades, as opções aparecem de forma indicativa, o conhecimento tem base estatística, e a síntese não é decisiva, mas reduz a oportunidade de erros sistemáticos.

Tratar o complexo significa praticar tentativas e erros sob controle contingencial, ou seja, testar hipóteses enquanto mantidas as alternativas de retorno, saída ou atenuação de perdas. Os sistemas não geram evolução quando estão em estado de equilíbrio, não propulsionam mudanças.

O desequilibrio, por sua vez, já que pode assumir dimensões não controladas e até degenerativas, provoca a necessidade da correção, do conserto, implicando em

> *Enquanto crê, o homem não precisa pensar. É a incerteza que o obriga a isto.*
> *(Hegenberg)*

esforço e permitindo a evolução. Os desvios do chamado normal estatístico são a medida de desequilíbrio, são o tamanho ou o potencial gerador de mudanças. Nem sempre, tais movimentações são simples, concedidas ou até suportadas com facilidade, pois o ser humano, inercial por sua natureza animal, avança com base em necessidades apontadas, como se fossem um combustível necessário para o movimento.

O possível está associado a uma avaliação qualitativa, a um estado de um sistema e à subjetividade de uma interpretação sobre uma realidade. O provável está associado a

> *Não é a dúvida, mas a certeza que o torna louco.*
> *(Nietzsche)*

uma avaliação quantitativa, à mensuração, com base na história e com ênfase nas percepções de probabilidades de ocorrência de fenômenos futuros. Sobrevivem, o possível e o provável, no campo das suposições e procuram reduzir a amplitude das apostas, mitigando o erro, apesar de não ensejarem a descoberta das verdadeiras causas dos sistemas de que tratam. A intensidade e o aprofundamento de uma análise sobre um sistema não acrescem, de forma linear, quantidade de certeza sobre as chances deste sistema. Por isto, é tão importante a intuição no campo dos sistemas ditos probabilísticos, estocásticos (determinado pelas leis da probabilidade), em que o aleatório e o imprevisível têm lugares assegurados. Os processos intuitivos tomam força pela repetição instável do tratamento estatístico sobre fenômenos verificáveis.

Enquanto a repetição se dá por imagens idênticas ou com pouca variação, o animal consegue tratar o conteúdo para o ambiente tácito, medular, automático (diz-se que a rotina passou para a medula espinhhal). Para constantes e imprevisíveis variações de um processo, o conhecimento tem de ser implícito, raciocinado a cada nova demanda, sem automatismos.

Poucas são as certezas, apenas de que existem dúvidas. Para fazer frente a este universo de incertezas e impossibilidades de controle do real, o mistério da vida é interpretado com

> *O que pode ser controlado não é nunca totalmente real, o que é real não pode nunca ser rigorosamente controlado.*
> *(convicção de Nabokov)*

argumentos de transcendência do conhecimento humano atual, incluindo-se, dentre muitas opções, até a pura especulação, utilizando-se projeções, críveis ou não, de espaços divinos, cósmicos, inalcançáveis à lógica humana. Com todo o respeito à religiosidade, ao cósmico ou ao transcendental, suas perguntas detêm respostas mais simples, e a busca do conhecimento pode ficar menos incisiva do que na ciência pura.

Capítulo 3

Risco e incerteza

A natureza não segue os modelos racionais que o Homem estuda, sequer os reconhece. A seqüência dos fatos possui a sua própria lei de formação, de aplicação inexorável.

> *Risco é a probabilidade ou chance de ocorrência de um evento. Incerteza é a magnitude do evento, caso ocorra.*
>
> *(Paul Newendorp)*

Os eventos não previsíveis, de outra forma chamados de "acaso", são o resultado da coincidência de séries temporais aleatórias independentes.

Parece não haver outra forma de estudar o tema que não seja pela geração e pela análise de modelos. Pode-se dizer que há dois fatores que coexistem nestes relacionamentos com o ambiente real, que são o Risco e a Incerteza.

No ambiente das ciências da natureza, o risco está atrelado apenas à possibilidade de ocorrência de um evento, independentemente de sua dimensão. A incerteza está relacionada ao tamanho e à conseqüência deste evento, caso ocorra. Um evento da natureza, como no caso de um terremoto, que possua um risco de 1% de ocorrer nos próximos dez anos, pode causar apenas uma vibração sensível a alguns, como pode se tornar um evento histórico, que mude as características de uma região ou continente. Mas, se o risco fosse de 10%, poderiam estar valendo as mesmas conseqüências, de forma independente da probabilidade. A incerteza, portanto, é a conseqüência, enquanto o risco é a probabilidade, expressa em percentagem ou chance de ocorrência de algo.

Risco e Incerteza

- **Ciências da natureza (Newendorp):**
  – Risco, chance de ocorrência de um evento
  – Incerteza, magnitude do evento, caso ocorra
- **Ciências econômicas (Knight):**
  – Risco, há distribuição de
  probabilidades objetivas
  – Incerteza, não se pode associar
  distribuição de probabilidades
  objetivas

Uma outra visão, trazida por Knight no ambiente econômico, distingue risco e incerteza sobre a existência de

> *Se as variações e condições do processo estão dentro dos limites daquilo que pode ser associado às leis e regras, então trata-se de matéria de predição extrapolatória.*
>
> *(Blasius)*

distribuição de probabilidades, ou sobre o conhecimento do fenômeno, em contrapartida à situação de inexistência de conhecimento sobre o fenômeno em análise, a incerteza.

Se se torna conhecido que o processo não ocorre aleatoriamente ("randomicamente"), mas sim de acordo com regras e leis definidas, então existe uma possibilidade de controle do sistema, ou de fazer predições sobre o seu curso, ou de processo similar.

A incerteza, pela magnitude de um evento, seja ele um incidente, um acidente, um desastre ou uma catástrofe, se tratados os eventos de natureza desfavorável; ou um acerto, um prêmio ou uma dádiva divina, se tratados os eventos positivos, aqueles que produzem bem estar ou valor agregado.

Quando ocorre um insucesso, pode haver uma percepção ambígua, já que diversos fatores podem ter motivado o evento. Podem ter ocorrido riscos sucessivos, não visualizados, ou erros na avaliação da quantidade de oportunidade de ocorrência do fenômeno, ou, ainda, o "azar" da própria ocorrência do fenômeno (o que é um resultado normal do risco). Além disto, há grande diferença de percepção de perda quando o risco e a incerteza estão igualmente aplicados aos demais operadores do ambiente, ou quando são percebidos por uma

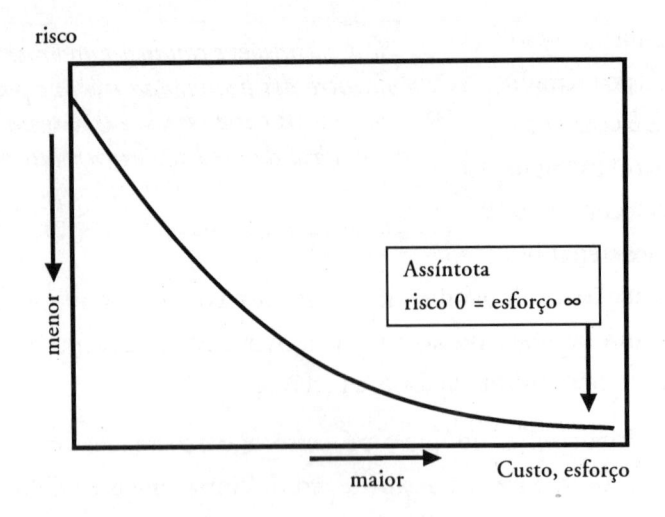

pessoa apenas. Quando o risco é comum entre diversos atores, o nível de aplicação e dedicação tende a aumentar, a ousadia a alcançar limites maiores que quando a percepção se dá em riscos sobre indivíduos isolados, pela percepção da diluição do risco, do compartilhamento de possíveis erros, contando com a divisão de responsabilidades e apoio mútuo por uma decisão compartilhada.

Isto não retira a necessidade de aprimorar técnicas, aprofundar teorias, ensaiar sistemas-piloto ou simular hipóteses. Pelo contrário, estimula o pensar, o prevenir e o desenvolver de capacidades de entendimento, disseminação de boas práticas e elevação do bem estar.

Para cada variável de risco, existe uma relação entre custo ou esforço e redução de risco. Com a seqüência do esforço, cada vez são menores os ganhos em redução de risco, de forma assintótica (reta que é tangente a uma curva no infinito; reta limite da família de tangentes a uma curva quando o ponto de tangência tende para o infinito).

> *Incapazes de controlar o acaso, recorremos ao que está ao nosso alcance: tentamos avaliar a probabilidade de ocorrência de determinado fato. Entremeamos nossa linguagem com os advérbios de contingência: geralmente, provavelmente, talvez....*
>
> *(Bergamini)*

Tende a ser infinito o esforço para o atingimento de risco zero, em ambientes probabilísticos. A combinação das diversas variáveis provoca a visão do sistema completo, complexo e de solução apenas provável.

Compartilhar operações com semelhantes é uma forma freqüentemente utilizada para reduzir os impactos de fenômenos indesejados, decorrentes de riscos de atividade, o que não significa, necessariamente, redução do próprio risco.

Na atividade empresarial, por exemplo, os fatores de risco estão presentes desde a compreensão dos parâmetros do marketing até os imponderáveis constrangimentos de transportes e movimentações, sem esquecer as oscilações de mercado e a satisfação de clientes. Estão presentes, também, tecnologia, poder, qualidade, enfim, variáveis comuns no trato de questões empresariais.

Há, por outro lado, uma forte relação entre freqüência de ocorrências e magnitude de eventos, tratada sistemicamente pela chamada curva Lognormal.

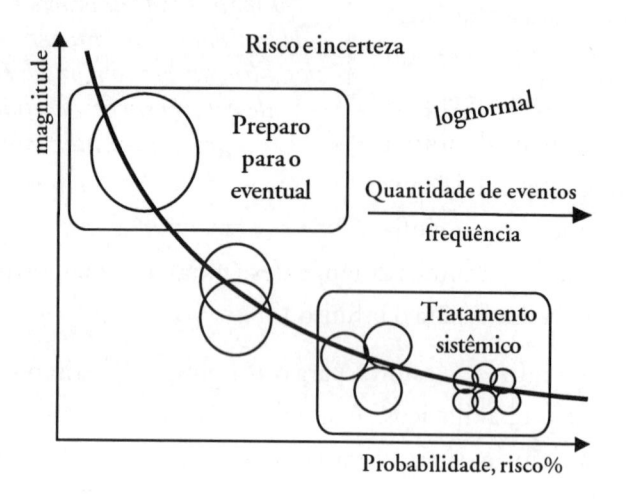

Os eventos de grande magnitude (a esquerda e no alto da figura, esferas de grande diâmetro) são pouco freqüentes, enquanto os eventos de pequena magnitude são de maior freqüência na natureza e, supostamente, também em gestão.

Não há ação que não requeira entendimento do risco associado e da opção contingencial previamente ordenada. A gestão, poderia se dizer, deve ser tratada no campo das matérias probabilísticas.

Com o aumento da variabilidade ou, ainda, com o equilíbrio entre as opções, desde as chances discretas até o espaço contínuo, estaremos frente à decisões, com maior ou menor quantidade de informação e tempo.

Uma boa visão da crescebte variabilidade de ambientes é oferecida pelo gráfico seguinte, de Mckinsey Co, adaptado:

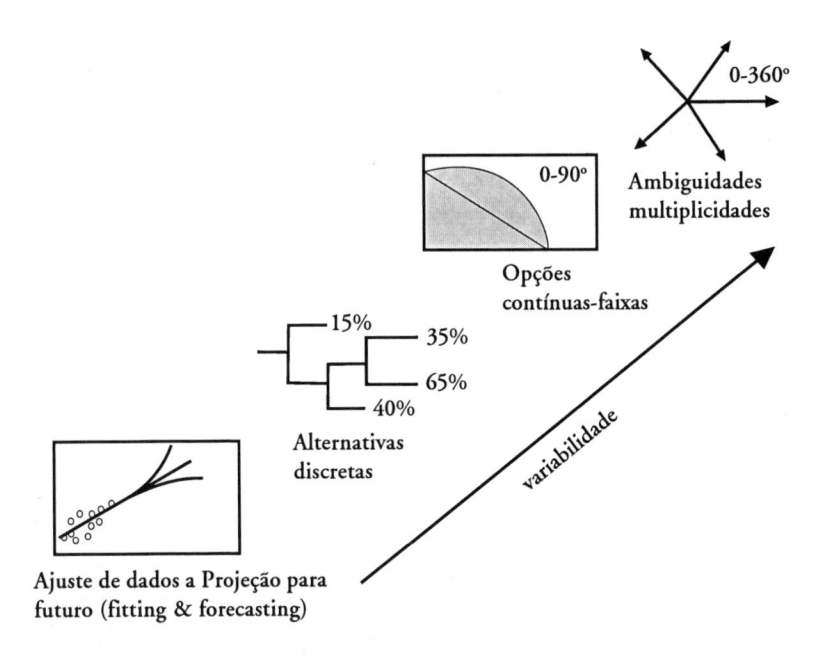

A partir de dados medidos existentes, o primeiro nível trata de um "fitting" ou ajuste e, a seguir, um "forecasting" ou projeção, onde são medidos ajuste ou aderência, para a extrapolação pretendida.

Em um segundo nível está a seqüência de eventos discretos, em uma árvore de opções.

A seguir, um range contínuo, onde existe uma faixa, não discreta.

Por fim, a multiplicidade 360 graus, onde as opções são múltiplas e não há tendências ou faixas, onde tudo é possível.

CAPÍTULO 4

TEMPO E OPORTUNIDADE

Há um componente fundamental nas respostas, que é o senso de oportunidade. Grande parte dos eventos ocorre quando a natureza impõe a sua existência, não havendo relação com o desejo humano.

> *Os modelos sofrem a ação, não do tempo quantitativo mas do tempo qualitativo, Isto é, da densidade do fluxo de existência.*
> *(Olinto Pegoraro)*

Eventos caracterizados como independentes não podem ser previamente agendados, pois são conseqüência de forças além do conhecimento humano possível.

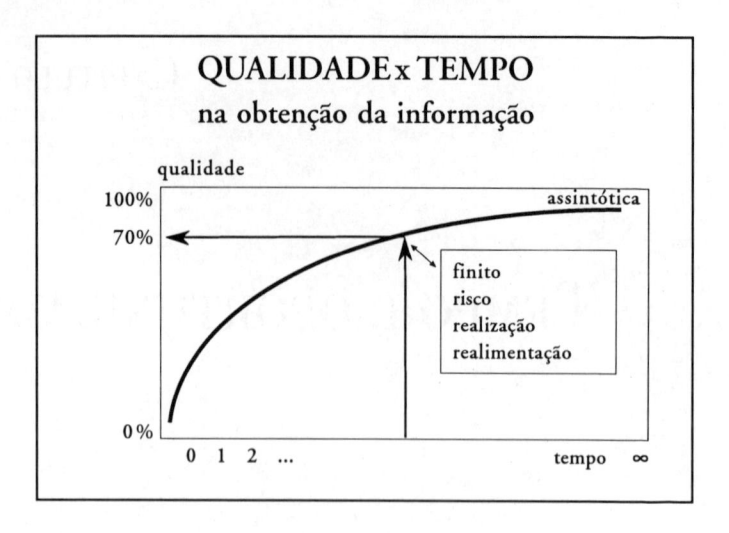

Por outro lado, o senso de oportunidade é um atributo da gestão de processos, resultado do nível de desenvolvimento do gestor, que percebe e tem intuição sobre quando algo deve ser realizado.

> *Resposta precisa, fora de tempo: contribuição nula.*

> *Projeto sem início, meio e fim é prurido.*
> *(A Cavanha, Obs1)*

> *O passado pelo menos é seguro.*
> *(Daniel Webster)*

De nada adianta esmerar-se em detalhes se, ao se produzir uma resposta, esta não for útil para o sistema que a solicitou, sendo apenas informação histórica.

> *A questão da interface entre o espírito e a matéria já estava presente na física clássica, com o paradoxo do tempo. Se a flecha do tempo deve ser atribuída ao ponto de vista humano sobre um mundo regido por leis temporais simétricas, a própria aquisição de qualquer conhecimento se torna paradoxal, pois qualquer medida supõe um processo irreversível.*
>
> *(Ilya Prigogine)*

$$Resultado\ esperado\ de\ um\ projeto$$
$$=$$
$$valor\ do\ sucesso\ possível\ \$$$
$$x$$
$$probabilidade\ de\ sucesso$$
$$+$$
$$custo\ do\ fracasso\ possível\ \$$$
$$x$$
$$probabilidade\ do\ fracasso$$

O evento que dependia desta resposta já ocorreu. A figura mostra que, com o passar do tempo, os ganhos (eixo vertical) passam a reduzir-se, para

> *Nossa experiência é antes feita de ilusões perdidas do que de sabedoria conquistada.*
> *(Émile Roux)*

uma mesma quantidade de esforço (eixo horizontal), tornando o tempo um "inimigo" da eficácia. Há um momento em que os ganhos já não são significativos. Hora do abandono, do recomeço.

É usual formular as respostas por etapas, concluir pequenos avanços e devolvê-los ao sistema continuamente, verificando o acerto da direção e obtendo os ganhos possíveis ao longo do tempo.

Represar as informações a um sistema, na busca de uma resposta tida como completa, sem medir as consequências, só deve ocorrer se resultar de uma decisão estratégica consciente. Todo bom projeto possui início, meio e fim. Não devem ser aceitos projetos sem a visão de tempo, de plano de implantação, de contingência, de mecanismo de desistência, de tempo de retorno, enfim, com os detalhes da operacionalização que qualquer evento planejado requer.

Quando, ainda em fase inicial, é concebível olhar apenas os aspectos da idéia, do valor intangível. Mas, se houver decisão de aprofundar o entendimento sobre algo, o projeto deve estar completo. Muitas boas idéias não passam de sonhos, que podem se transformar em realidade, mas que não devem seguir apenas como intenções por tempo indeterminado. Em algum momento, é necessário confrontá-las com os termos e as regras da realidade, comparar com as demais oportunidades que possuem sua atratividade própria no ambiente real, as restrições do mundo existente.

> *Não se deve gerir pensando que haverá uma segunda chance. Nem sempre as condições se repetem, para que seja tomada, posteriormente, a decisão acertada.*
> *(Lideniro Alegre)*

> *Não fazer nada sem saber para que serve, nem iniciar obra alguma sem estar decidido a concluí-la.*
> *(José Ingenieros)*

No campo empresarial, nas avaliações de projetos, nas comparações, os indicadores de rentabilidade mais comuns são o Valor Presente Líquido - VPL e a Taxa Interna de Retorno – TIR. Deve ser encontrado o alinhamento estratégico, com a visão de longo prazo e a maximização do valor dos ativos materiais ou intelectuais.

> *...o tempo como jorro efetivo de novidade imprevisível de que é testemunha a nossa experiência de liberdade humana, mas também da indeterminação das coisas.*
>
> *(Bergson)*

Além da visão econômica, quando se associa a visão estratégica por meio de probabilidades, a avaliação passa a ser a do Valor Esperado, que se constitui no produto do valor específico (monetário, quantitativo) pela probabilidade decimal de ocorrência.

Exemplo:

Calcula-se que um determinado projeto pode dar um retorno de US$ 1,000.00, com uma chance de sucesso de 70%. O custo do insucesso é de US$ 500.00. Qual a síntese desta situação ?

= 1,000.00 x 0,7 + (-)500.00 x 0,3 = US$ 550.00.

Assim, este conjunto de informações pode ser resumido no valor US$ 550, que é o valor esperado do projeto, de utilidade quando se busca um único representante do conjunto possível. Se fossem repetidas infinitas situações idênticas à apresentada, o valor médio final seria o apontado pelo cálculo, mesmo que pudessem haver ocorrências pontuais fora desta expectativa.

Nas situações de decisões com base em análises de oportunidades, o que se tem é a idéia de que o percentual medido certifica a existência de um futuro aderente ao passado, pois nada pode assegurar a repetição da história pelo futuro. O futuro não garante respeito às ocorrências passadas. O futuro não deve compromissos às estatísticas do passado. O tempo é entendido como uma variável independente, nos limites do conhecimento atual, em que os desejos humanos não podem sequer influenciá-lo. A linearidade do tempo com as demais funções vitais não está assegurada. Ele simplesmente acontece, ocorre seqüencialmente em nossas vidas. Usá-lo de forma especial depende do desejo humano, da dita liberdade, mas que não causa nenhum aumento de qualidade de informação.

CAPÍTULO 5

DEMANDA E CICLO

Focalizando a questão empresarial, dois tipos de riscos têm impacto na política para uma gestão eficaz:

- Risco na demanda, flutuação quantitativa ou volumétrica;

- Risco de desempenho do ciclo, flutuação temporal, no sistema de reposição.

Há um especial interesse em tratar os dois riscos de forma diferenciada, já que possuem origens e razões distintas. Uma quantitativa, outra temporal.

A avaliação da demanda tem por base a série histórica (fitting) e uma visão de projeções (forecasting).

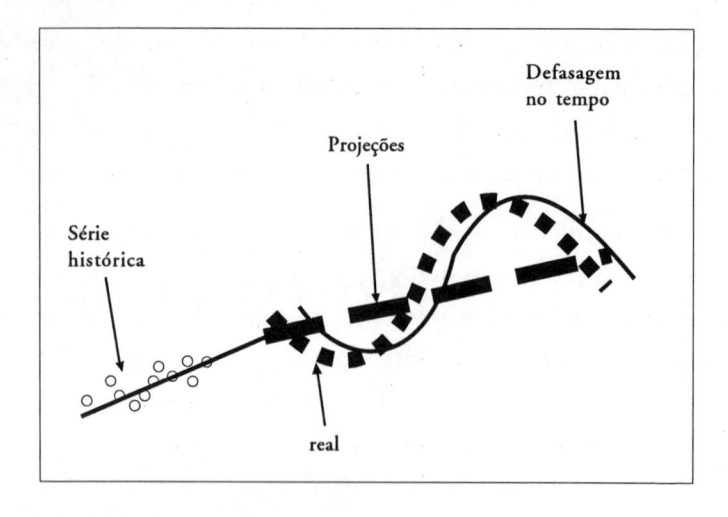

A realidade produz sobras e faltas de recursos, em momentos nem sempre previsíveis. A definição dos níveis de proteção depende de dois fatores, basicamente:

- Custo da falta (quanto custa não se ter disponível determinado recurso, ao tempo em que se faça necessário);

- Decisão da política de risco e custos associados para assumir os momentos de falta.

A estatística permite que se estude, por intermédio de média e desvios-padrão, os níveis de risco e os custos decorrentes para proteção das variações sobre demandas, tratando de forma científica os dados históricos, porém não assegurando que os eventos futuros sejam réplicas do passado. Estabelece-se que o formato ou o padrão de um sistema possa se repetir no futuro, ou pelo menos não sofrer mudanças irreconhecíveis.

O estudo empresarial passa pela opção estratégica e de custos para definir qual a melhor maneira de enfrentar este desafio, ou com custos altos em operação, mas com um sistema confiável, ou com menores custos e maiores riscos, mas de forma quantificável.

De forma semelhante, são tratados os dados de tempo, relativos ao ciclo de reposição de recursos de um sistema. Trata-se da análise da defasagem, em tempo, da efetiva realização dos eventos, independentemente da quantidade relacionada. Uma vez que os tempos planejados não são, em grande parte dos casos, realizados como previstos, este tratamento pode permitir entender o fenômeno do tempo associado, para que haja proteção adequada.

Assim, há um mecanismo para a quantidade e outro para o tempo, distintos, porém miscíveis ao final de uma análise, quando se consolida em uma única proteção, que envolva as duas origens.

Outra questão importante recai sobre os conceitos de distribuição de valores e a sua representação. É costume tentar representar séries apenas pela média, o que caracteriza um erro significativo.

Exemplo:

Dados dois recipientes, um com água a 0° C e outro a 100° C, um indivíduo mergulhando uma das mãos em cada volume, na média estará confortável, mas cada membro estará, por si, inaceitável. Se os dois recipientes estivessem a 49° C e 51° C, respectivamente, a média não seria a mesma? Pois é necessário informar, além da média, a dispersão da média, ou seja, o quanto os valores ou limites estão distantes do valor central.

Assim, para caracterizar dados são necessários a média e o desvio-padrão, também entendidos como objetivo e risco.

> *O problema da média é que se pode estar com a cabeça no forno e os pés na geladeira, e, ainda assim, a média ser boa.*
>
> *Mario Henrique Simonsen*

Média e desvio padrão, ou objetivo e risco

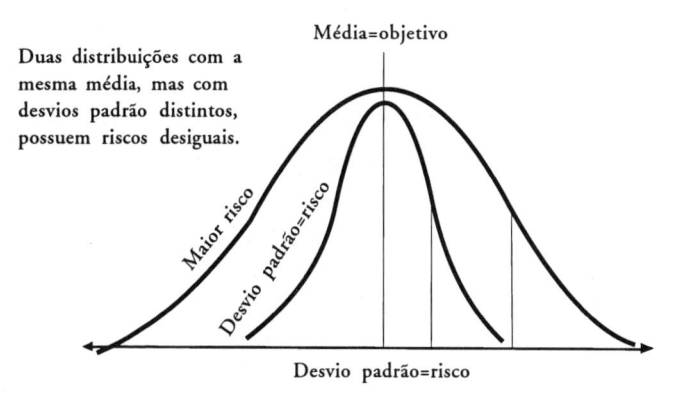

Duas distribuições com a mesma média, mas com desvios padrão distintos, possuem riscos desiguais.

Média=objetivo

Maior risco

Desvio padrão=risco

Desvio padrão=risco

Uma visão de média e desvio padrão pode permitir inferir que menores desvios propõe maior precisão, melhores processos.

Um sistema pode ser protegido pelo número de desvios padrão permitido para os erros, sendo que uma situação habitual é a dos seis sigmas, ou seja, 3,4 erros por milhão de ocorrências, supostamente bastante interessante para sistemas produtivos convencionais. Sistemas sensíveis como aviação, hospitais, persegue-se os sete sigmas, considerando-se uma busca à utopia.

Capítulo 6

Estratégia e execução

Por vezes, a impulsão operacional não permite visualizar, com clareza, a direção em que se caminha. Não é

> *Aumentar a força nem sempre causa mudanças*

sempre que se possui a perfeita visão da posição correta do objetivo. Mudanças de direção requerem maior esforço de gestão do que alterações de intensidades de força, pois requerem conteúdo estratégico adicional.

A figura mostra que, apenas ao se aumentar a intensidade de força de 1 para 2, mantendo-se a direção original, mesmo que desalinhada do objetivo, repete-se a característica do esforço em sua essência, em sua qualidade intrínseca. Já no caso do movimento de direção, as

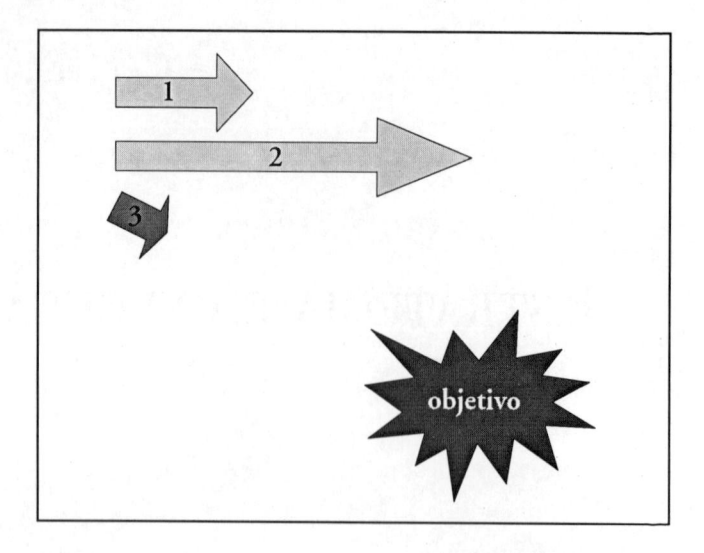

características do esforço são distintas e, mesmo aparentando menor intensidade, requerem conteúdo superior. Neste segmento residem habilidades gerenciais de escolha de direção e mobilização da orga-

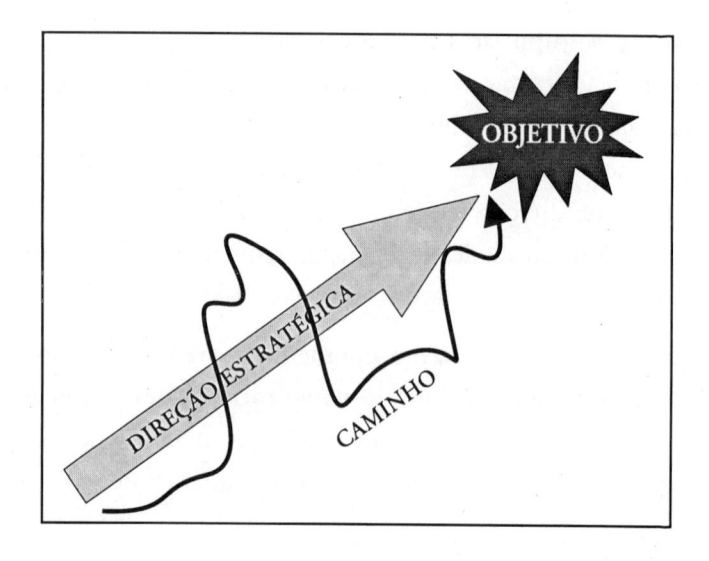

nização para adaptação do caminho e do objetivo, muitas vezes, uma tarefa árdua.

Um negócio pode absorver uma boa quantidade de erros, desde que a direção estratégica seja relevante e correta.

A inércia operacional costuma tomar conta do tempo dos executivos que mergulham no dia a dia e nos detalhes de uma volumosa gestão operacional, tipicamente ligada ao aumento de intensidade em direção já identificada, contando com escasso tempo para crítica dos seus processos internos e visualização dos objetivos móveis externos. Este é um desafio importante de organizações de sucesso. Se pudessem ser comparados os objetivos de uma empresa com os inimigos em uma guerra, ambos possuem uma característica comum, que é a mobilidade.

Os objetivos empresariais são mutáveis na proporção das mudanças de cenários, ambiente, competição, tecnologia e resposta do cliente, dentre outros tantos fatores não controláveis de um ambiente dinâmico.

Há duas principais maneiras de se posicionar nas grandes mudanças que cercam os ambientes gerenciais: como agentes ou espectadores.

> *Espectadores nunca aparecem nos livros dos recordes.*
> *(citado em publicação da Price Waterhouse Coopers)*

No primeiro caso, toma-se o timão e encaminha-se rumo ao objetivo, sabendo-se do que se trata, dos caminhos alternativos e das contingências. No segundo caso, caminha-se guiado, dirigido, de forma mais confortável que quando na direção de um conjunto, que

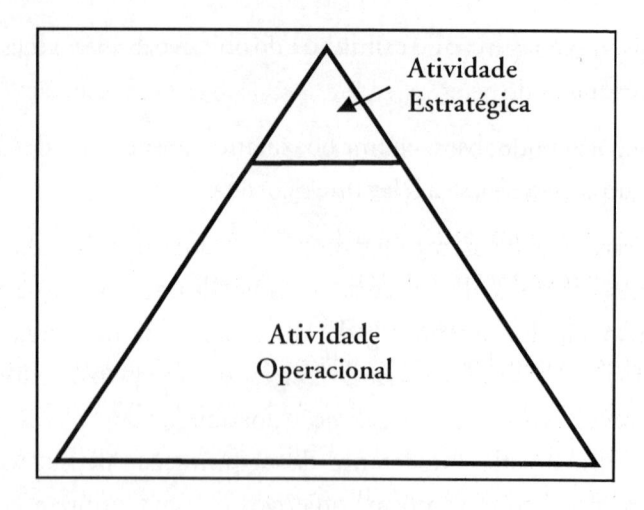

causa risco. É vício de postura deixar que os eventos ou outras pessoas nos conduzam pelos caminhos incertos. É desafiador tomar as rédeas de um sistema e direcioná-lo no caminho que se acredita verdadeiro, seguro e correto, apesar do risco.

Se a inércia for grande, deve ser rompida. Há um dito popular que diz que não deve haver arrependimento pelo que se fez, pelo que se tentou, apenas pelo que se deixou de realizar ou arriscar. Seja qual for o resultado, pelo menos a quantidade de informações e a experiência são inevitáveis, incorporadas ao indivíduo, como ganho indiscutível.

Na história que será contada, estarão presentes apenas aqueles que ousaram, erraram, ou até mesmo desapareceram. Os demais, que apenas apreciaram as cenas, não terão lugar nos registros. Mas, para participar ativamente no cenário, é necessário apreciar o risco, enfrentar as possibilidades de derrota, com equilíbrio e segurança.

Há espaço para tentar, nem que seja para provar uma idéia. Há prêmios esperando pelos vencedores. E não haverá prêmio sem risco.

Mas, antes de tudo, é necessário identificar claramente o objetivo. Por exemplo, em uma empresa, podem haver diversos objetivos, em função de seu momento. Um deles pode ser retornar à sobrevivência, outro poderia ser maximizar os resultados para os acionistas em um determinado período, ou preparar-se para a venda etc. Em todos estes casos, a visão deve estar clara e permear por todos os colaboradores, que devem se sentir parte do esforço e dos resultados a serem alcançados. Daí para a frente, os caminhos podem não ser retilíneos, mas a direção deve ser cristalina. Não devem ser tomadas atitudes que não sejam coerentes com a direção estratégica traçada. Os erros operacionais são normalmente absorvidos, a sua penalidade é o refazer ou o descartar. Já os erros estratégicos, normalmente, são de difícil correção, pois são complexos demais para uma simples mudança voluntária de rota. Trocar de direção estratégica acarreta

um custo geralmente alto, freqüentemente desgastante. O realinhamento estratégico necessita de componentes que requerem uma constância mínima, informação abundante, comunicação em todos os níveis internos, aos parceiros, fornecedores e clientes, ou seja, uma rede de dependência que necessita entender claramente a mudança sugerida.

A densidade de atividade operacional reduz o tempo disponível para as atividades estratégicas. Assumir algo que outro pode realizar, caso seja possível dedicar tempo para usufruir de outras atividades que mere-

> *Os superiores não concedem autoridade.*
> *(citado em palestra da empresa Baker & Mackenzie)*

cem concentração e esforço, pode ser o começo da ampliação da autoridade. A parcela estratégica do conjunto diário empresarial não deve ser eliminada ou consumida pela volúpia operacional. Fazer menos, do operacional, desde que de forma seletiva e organizada, pode permitir uma adequada aplicação estratégica no campo empresarial, o que redundadá em ampliação natural da autoridade. Apesar de ser um paradigma nas organizações, pensar e gerar estratégias são elementos de fundamental importância no contexto competitivo atual, que não perdoa facilmente erros ou falta de direção. No conjunto de estratégias, podem estar as parcerias, alianças, contingências, redundâncias, mudanças, organização, avaliação, auditoria, ou seja, atividades que permeiam a cadeia produtiva e funcional da organização, sem, no entanto, fazer parte direta da operação.

Uma boa prática é adotar um rodízio programado entre as atividades operacionais e as estratégicas, fazendo com que as pessoas migrem de uma área para a outra, de forma ordenada, visando integrar e carregar experiências entre os diferentes níveis e abordagens.

Na hierarquia de uma empresa, parte da manutenção do poder está baseada em posturas pessoais e conquistas de tomada do poder por incisividade e ousadia.

Não afirmamos que assim ocorra na totalidade das situações de poder, mas há um significativo percentual de situações com esta natureza. Há um outro grupamento de casos em que a competência e o preparo são os condutores da autoridade, possivelmente em percentual bastante significativo.

> *Estratégia sem alternativas é caminho sem volta.*

Em ambos os casos, estas conquistas e a sua continuidade, quando entendidas como suficientes para quem a exerce, favorecem um espírito-de-corpo e uma maneira de agir que mais proteje o status do que empolga e promove os movimentos de mudanças organizacionais.

A necessidade de controle, o diferente tratamento daqueles que contribuem, as confusões com os que bajulam e adulam, a visão de limitação dos colaboradores, mais pela restrição de informações do que por capacidade, delimitam o poder a um círculo diminuto de pessoas, que, em sua normalidade, não o concedem, a não ser de forma controlada e dosada. Há um paradigma de poder empresarial que está baseado no exercício do poder concedido e a tomada generalizada dele, que causa a retenção e a acumulação de autoridade, de forma a não correr riscos.

Montar uma estratégia empresarial passa fundamentalmente por entender alternativas, caminhos opostos, redundâncias e contingências. São parte de uma sobrevivência preservada ao máximo, que é um dos objetivos de uma estratégia.

> *Evitar-se o evitável é uma obrigação; o inevitável, uma benção.*

Tudo que puder ser pensado e elaborado antecipadamente, permite reduzir os riscos nos momentos de realização. Por alternativas são entendem as opções existentes, incluindo-se o oposto ao caminho inicial escolhido.

> *Quem não sabe o que procura não vê o que encontra.*
> *(Claude Bernard)*

O incerto e o inesperado, em gestão, estão mais relacionados aos fenômenos de alterações bruscas de mercado, crises e acidentes, que na-

> *Nós nunca entendemos algo tão bem quanto quando as descobrimos por nós mesmos.*
> *(René Descartes)*

turalmente seriam motivos de perdas, com ou sem estratégias de prevenção.

Trata-se do inevitável. Portanto, o foco se dá sobre o evitável, aquilo que se pode prever e prevenir, saudável para instituições de vida longa e onde se encontra satisfação

> *Quem conhece e não nega, aprova.*

em se conviver. São empresas que atingem níveis de excelência, fazendo parte da vida de cada um de seus integrantes.

Os esforços para absorção de conhecimento, por meio de experiências, podem ter diferentes níveis de exposição e risco. Há situações, em gestão, em que o conhecimento da comunidade atinge o limiar, ou os integrantes não estão dispostos a compartilhar o que conhecem ou experimentaram, quando ocorre a descoberta pura, não controlada. Neste ponto escontram-se os maiores aprendizados, as melhores oportunidades de entendimento da realidade vivida.

Para o gestor, uma estratégia salutar reside na seqüência positiva de credibilidade para com os seus colaboradores, o que pode lhe dar a verdadeira capacidade de condução do sistema que administra. Erros e acertos são bem aceitos quando há um pacto de construtividade, em que errar significa ter tentado, ter se esforçado, ter compartilhado, com visível ganho comum. Não necessariamente, as vitórias em carreira trazem a capacidade de condução pois, se percebidas como o triunfo de um ou de outro, e não da equipe, permitem sentimentos de controvérsia, de contradição, até o limite da introspectiva torcida pela derrota alheia. (Teoria da Mágoa Residual, O Jogo da Malha, Heitor Chagas). Parte da credibilidade está centralizada na transparência, até no enfrentamento, no campo das idéias, dos mais fortes. Nada limita discordar, desde que o discurso seja franco, direto e se perceba a variável construtividade embutida nele.

E, finalmente, muito importante se faz a necessidade de clareza de visão do gestor sobre os objetivos, verdadeiros, transmitidos com convicção, realismo e emoção suficientes para "contaminar" os compartilhados de forma integral, em uma campanha de todos na busca de sucesso distribuído.

CAPÍTULO 7

REDUNDÂNCIA E CONTINGÊNCIA

Os processos de gestão são considerados como pertencentes ao conjunto daqueles que requerem contínuas decisões, sejam do tipo operacional ou, em menor número, de características estratégicas.

> *Decisões reversíveis permitem maior ousadia.*

Se o erro é corrigido a cada vez que é descoberto, o caminho do erro é o caminho da verdade.

Em alguns processos de gestão é possível alterar-se ou até mesmo reverter-se o que foi feito e, em outros, pode ser praticamente impossível voltar-se ao momento anterior à decisão, ou retomá-la no sentido oposto.

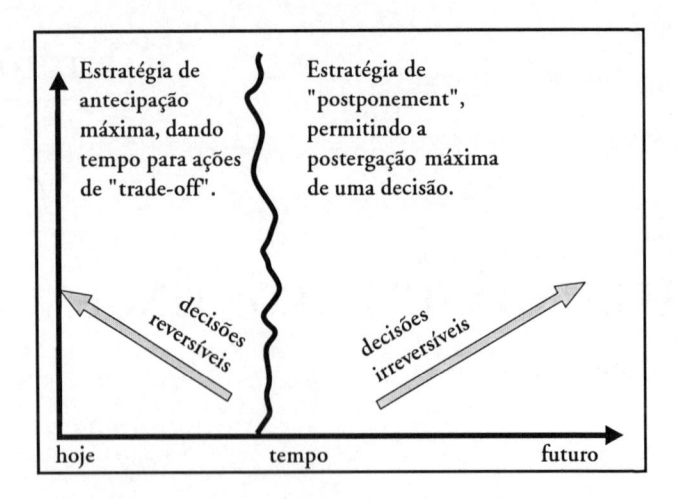

Estratégia de antecipação máxima, dando tempo para ações de "trade-off".

Estratégia de "postponement", permitindo a postergação máxima de uma decisão.

decisões reversíveis

decisões irreversíveis

hoje   tempo   futuro

Uma boa gestão procura transformar ao máximo decisões irreversíveis em reversíveis, seja por subdivisão dos assuntos, seja por antecipação ou sistemas-piloto. Experimentos com protótipos e testes são ferramentas utilizadas para reduzir a intensidade da irreversibilidade das decisões.

Há um conceito importante em gestão, quando são necessárias decisões de características irreversíveis, denominado "postponement", que consiste na postergação planejada e

> *Nada na vida deve ser temido, somente compreendido. Agora é a hora de compreender mais, para temer menos.*
> *(Marie Curie)*

controlada de uma ação ou de um evento, em alinhamento estratégico com os objetivos empresariais. Trata-se, portanto, de postergação planejada de uma decisão irreversível, de forma a permitir melhor visualização de suas conseqüências, aumentando a capacidadede ocorrência de novas informações contributivas antes do momento da decisão final.

Outra conceituação significativa é a de "trade-off", como se fosse uma compensação ou as contrapartidas de uma opção utilizada, uma vez que sempre haverá fatores que indicariam a decisão oposta àquela que foi tomada.

Isto significa alinhar, previamente, os fatores compensatórios de uma decisão qualquer, enxergando os seus elementos de contraposição. Não há regra fixa para o tema "ousadia", nem mesmo se sabe como

> *É preciso coragem para sentir medo.*
> *(Montaigne)*

quantificar esta variável, que lida com princípios de comportamento do gestor, características momentâneas que induzem à percepção com maior ou menor grau de arrojo e desprendimento.

A figura mostra, sobre a linha de tempo, que as decisões reversíveis devem ser antecipadas ao máximo, enquanto aquelas irreversíveis, postergadas no limite do possível. Esta lógica deve ser avaliada em função de cada situação do sistema que estiver sendo tratado.

> *Não basta dizer "enganei-me"; é preciso dizer como nos enganamos.*
> *(Claude Bernard)*

A sua generalização pode não ser conveniente, mas não deixa de ser uma questão típica para a gestão em função da reversibilidade das decisões gerenciais.

> *Não sabendo que era impossível, ele foi lá e fez.*
> *(Jean Cocteau)*

Em atividades em que os riscos humanos e materiais são significativos, havendo chance de perdas por ocorrências físicas indesejadas, a condução dos negócios não deve buscar unicamente a maximização

> *Tenho uma qualidade que me salva; não coro de aprender e a todos interrogo constantemente.*
> *(Sócrates)*

dos lucros, mas sim concentrar o pensamento nas questões de conteúdo, operacionais, que são a base da realidade de obtenção dos resultados.

É' por isto que, no campo das operações ligadas à ativos intensivos, onde os erros e os acasos negativos causam perdas de dimensões significativas, estão disponíveis recursos

> *Somos autômatos em três quartos de nossas ações.*
> *(Gottfried Leibnitz)*

como a Redundância e a Contingência. Como exemplos, estão as construções e operações das pontes, centros cirúrgicos e plataformas de petróleo.

A Redundância está presente, por exemplo, na aviação, quando impõe que grandes aeronaves possuam dois computadores de bordo ou dois sistemas para baixar trens de aterrissagem, semelhantes. Quer dizer, se um falhar, deve ser o outro sistema tão eficiente e operacional como o primeiro, pronto para entrar em operação, testado, treinado e suficiente para o pleno uso. Um sistema redundante é idêntico ao sistema principal.

A Contingência, por outro lado, requer simulações de possíveis ocorrências futuras, induz escrever procedimentos operacionais diretos (sem manuais longos, teóricos ou desfocados do momento operacional), que permitam, em uma ocorrência indesejada, tomar ações que reparem ou minimizem o desvio de curso, promovendo, primeiramente, a preservação dos ativos humanos e, secundariamente, dos materiais. Como exemplo, o Corpo de Bombeiros, colocado em diversos pontos estratégicos de uma cidade, com pistas especiais de tráfego, pessoas treinadas, sistemas de comunicação eficientes e água em abundância para casos de incêndios. A Contingência requer que se pense em hipóteses de desastres, em procedimentos inteligíveis e objetivos, em preparações freqüentes, em saídas simples, imaginando situações possíveis, mesmo que pouco prováveis. Neste mecanismo são úteis as livres idéias, caminhando para cenários distantes, mesmo que possam parecer inicialmente fora da realidade. As idéias são tratadas e as hipóteses classificadas segundo a chance de ocorrência, a segurança envolvida e o custo da contingência.

A Redundância e a Contingência são fatores determinantes de existência longa ou súbita exclusão do ambiente competitivo. Um sistema contingente não é igual ao sistema principal, é uma alternativa distinta, diferente, que não se replica.

> *O jesuíta, quando só conta parte da verdade que é conveniente, não mente.*

Como Redundância, os recursos são disponibilizados em quantidade e prontidão suficientes, duplicados, principalmente aqueles considerados críticos, sem os quais o sistema se interrompe e perde continuidade em falhas ocasionais. E a Contingência estabelece os mecanismos de fuga, volta, abandono, possíveis ou até mesmo prováveis, antecipadamente tratados e treinados para entrar em ação, caso isto se faça necessário.

CAPÍTULO 8

FALTA OU EXCESSO

O que significa, em gestão, a falta? Para cada tipo de atividade ou área de estudo, a falta possui um significado específico. Em empresas de produção seriada, por exemplo, a falta de um componente poderá significar a parada de produção, a postergação de receita do produto final não vendido, perda de mercado, imagem.. Em pesquisa e tecnologia, podem haver outros significados, como a ausência de conhecimento, carência de recursos ou, sob um outro prisma, a perda da oportunidade da aplicação de um conhecimento.

Segundo o dicionário de Aurélio Buarque de Holanda (1997), "falta" quer dizer "ausência, carência, imperfeição, defeito...".

Copyright (c) 2003 Russ Linden

Para Schechter (1998), "Um processo de sucesso resulta em ter as partes em tipo e quantidade corretos nos momentos corretos. Uma sobrevalorização de quantidades proporciona um excesso de estoques e obsolescência, enquanto projeções muito conservadoras podem resultar em faltas ('stock-outs') e perdas para os consumidores." Esta visão está bastante centrada na questão logística de insumos ou produtos na cadeia de suprimentos.

E como avaliar o custo da falta? Qual o verdadeiro valor da falta de um insumo de produção, ou de parte de um sistema produtivo? E no caso do conhecimento? Como quantificar o valor da falta?

Vale uma analogia ao que diz Bachelard (1984), "O real não é mais que a realização. Parece que um real só é instrutivo e seguro se tiver sido realizado, e sobretudo se tiver sido colocado em sua correta vizinhança, na sua ordem de criação progressiva."

O centro da análise do custo da falta reside na NÃO operação da cadeia produtiva ou de conhecimento, decorrente de uma falta.

Se a ameaça ou a existência da falta induzem ao remédio da abundância, do excesso, para correr pequenos riscos da falta, principalmente em sistemas não estáveis, é necessário gerenciar este compensador ("trade-off"). Objetiva-se ter um custo ou esforço final mínimo, quer em sistema produtivo, quer em conhecimento, ou uma resposta de máximo valor agregado. Os processos de melhor previsibilidade permitem que sejam projetados quantitativos de recursos capazes de absorver eventuais falhas em algum dos elos da cadeia de suprimentos, do ponto de vista do sistema produtivo. Já na área do conhecimento, a quantidade pode ser substituída pela intensidade da qualidade, ou densidade, que não tem relação direta com a quantidade física. Ambas as situações são obtidas a partir de um único desejo de correr pouco risco em enfrentar-se a falta, sem, entretanto, gastar muito pelo excesso dado pelo desconhecimento da essência dos fenômenos em questão, de sua variabilidade. No trato dos sistemas de pouca previsibilidade, ou seja, com instabilidade, recorre-se ao uso do apoio da estatística.

A falta, que pode ser traduzida em um custo, deve ser cotejada com o estoque, que também é custo. Este tratamento não é linear nem determinístico, mas sim probabilístico, contando com ambientes de previsão complexa. Na maioria dos casos e em termos gerais, o

> *Quando estamos diante de sistemas instáveis, devemos formular as leis da dinâmica no nível estatístico. Isto, por certo, muda de maneira radical a nossa descrição da natureza, uma vez que os objetos fundamentais da física não são mais trajetórias ou funções de onda, mas sim probabilidades.*
>
> *(Ilya Prigogine)*

valor da falta é mais significativo que o valor do estoque, para uma unidade de medida, para uma determinada faixa de tempo. O comportamento destes dois valores, ao longo do tempo, pode induzir a estratégias distintas e abordagens diferenciadas para variações e contingências.

Repor algo que faltou possui um valor maior que apenas o valor intrínseco do objeto faltante. Está ligado ao valor do não uso, não disponível. Esta dimensão, além do campo objetivo, extende-se até o imaginário, contemplando percepções e sensações que possuem um efeito psicológico diferenciado e não previsível. Vincula-se aos conceitos de credibilidade, segurança, confiança, marca, enfim, aos valores internos e, muitas vezes, de expressão mais complexa.

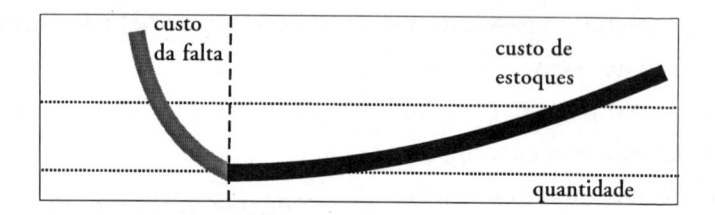

A figura procura mostrar a maior intensidade ou inclinação da curva relativa a falta, quando comparada com a curva do estoque.

CAPÍTULO 9

INTUIÇÃO E RAZÃO

Os mecanismos de gestão não se limitam à pura razão, como também não se limitam apenas à intuição. São um conjunto de lógica, argumentação, senso de oportunidade, intuição, em uma lista de atributos

> *Dois excessos: excluir a razão, só admitir a razão.*
> *(Blaise Pascal)*

do gestor e características do negócio, inseridos em um ambiente competitivo. Não há como exigir certezas, mas sim caminhos que levam a conquistas.

Quando se opta por processos decisórios baseados em extremo racionalismo, os administradores são tomados por medidas objetivas, e estas, por mais científicas que sejam, não conseguem exprimir

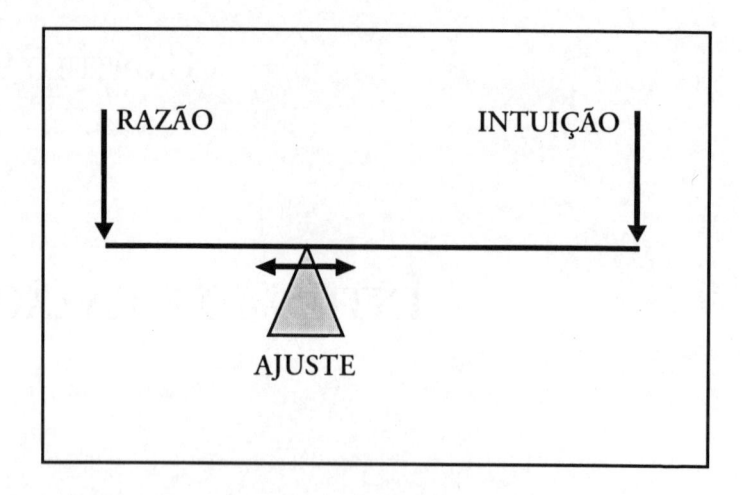

a percepção humana, porque os sistemas não se limitam a variáveis matemáticas. As decisões são posições do "agora" que pretendem "adivinhar" o futuro - o qual, aliás, nenhum de nós é capaz de antever com exatidão.

Decisões mais relevantes parecem requerer mais subjetividade e simplicidade.

Por outro lado, as decisões que tomam por base apenas a intuição, a percepção, por não levarem em conta os tratamentos técnicos e científicos da razão, podem não perceber as dimensões tangíveis daquilo que se estuda.

Mas qual o equilíbrio adequado entre as duas visões? É' saudável que cada gestor experimente dosar o que pode ser apenas inferido dos pensamentos e aquilo que pode ser medido e tratado cientificamen-

> *Quando todos pensam da mesma maneira, ninguém pensa grande coisa.*
> *(Lippman)*

te, mediante aproximações sucessivas. Esta é uma face não objetiva da gestão, ou, é uma arte.

Quanto mais significativa é uma decisão, quanto maior é o seu porte, mais simples, sutil e estratégica ela se torna. Neste contexto estão os elementos de sobrevivência, existência, mas aqui não se encontram os motivadores eficiência, análise e nem resultado.

Isto significa que os elementos básicos da vida são os mais claros, são os que movem as grandes decisões.

> *Nunca são indiscretas as perguntas. São, às vezes, as respostas.*
> *(Oscar Wilde)*

Também por isto, não se pode ser conduzido utilizando-se apenas ferramentas de análise, e sim a sensibilidade, o objetivo pessoal e a percepção. Por exemplo, as pessoas não escolhem os amigos por intermédio de fórmulas ou algoritimos matemáticos, e sim por meio de uma decisão interna, até mesmo sem explicação racional.

Estas são as típicas decisões de grande vulto, que também estão presentes no ambiente empresarial. Determinados movimentos de posse, como comprar outra companhia ou vender parte da sua

> *O bom senso é a coisa do mundo mais bem compartilhada.*
> *(Descartes)*

companhia, são, tipicamente, sutis, apesar de poderem ser suportados por uma intensa atividade analítica, técnica e de avaliação objetiva.

Mas, mesmo com todas as variáveis disponíveis, é uma força interna que move a decisão final, que a impulsiona definitivamente para um ou outro lado. Tais decisões tomam esta característica por esta-

> *As pessoas tendem a colocar palavras onde faltam idéias.*
> *(Goethe)*

rem atreladas a uma reduzida reversibilidade, por denotarem a imagem de sucesso ou de fracasso, por estarem atreladas a um verdadeiro sentido de equilíbrio, reconhecimento e existência em determinado meio social. E, assim, tendo em vista que a pena pelo erro é pessoal, não se abre mão da decisão por sentimento e por emoção, sem limites.

Na busca de respostas, não cabem constrangimentos ou redução de informações. Se falta esclarecer algo, isso deve ser tratado. Em determinadas situações, uma decisão tomada sem todas as informações é um jogo de azar, uma roleta. Por isto, perguntar deve ser uma condição de sobrevivência. Mas nem tudo que se

> *São as pessoas que nos legaram o termo mais belo de nossa língua: o termo "entusiasmo", do grego teo, um deus interior.*
> *(Louis Pasteur)*

deseja saber os outros conhecem, que por respostas diretas poderiam ser esclarecidas as questões. Há respostas que serão conquistadas por meios distintos de puras palavras. Isto envolve pesquisas, descobertas, tentativas e confrontação. Significa que comparar respostas de várias fontes pode ser importante, principalmente quando se trata de um caminho crítico. Não se põem todos os ovos em uma mesma cesta, como não se deve apostar toda uma estratégia em uma única resposta, ainda mais quando pode haver opção de verdade oposta.

Extrair a essência das palavras é outro desafio diário. As respostas, normalmente, estão inseridas em um contexto maior, por vezes um texto longo e intrincado.

Drawing by Stevenson; © 1976 The New Yorker Magazine, Inc.

O compensador entre a razão e a intuição pode residir no bom senso, na observação e na cautela. Não há quem não se renda às colocações equilibradas, com sabor de experiência. Entender o que se

> *Ler o modelo mental do interlocutor e falar para que o receptor entenda.*

planeja e o que se pretende, com clareza, carrega adeptos e produz amizades. Tudo, enfim, passa pelo entusiasmo, pessoal e de equipe, a vontade de fazer, acertar, com o máximo de recursos disponíveis, riscos discutidos, objetivos claros, contingência, redundância, percepção de intenção de acerto.

Não escolhemos quais os acontecimentos que verificamos durante a nossa existência. Os fatos que decorrem e que temos a oportunidade de tomar conhecimento são gravados com variados níveis de valor em nosso acervo mental. Por mais que queiramos selecionar os eventos dos quais queiramos fazer parte, nos é imposto um grupo de fatos resultantes de uma força da qual não temos acesso. Aumentamos a certeza relativa das idéias com o aumento do número de ensaios críticos sobre elas e, adicionado a isto, pela qualidade do tratamento dispensado às mesmas idéias.

Os processos decisórios proporcionam uma mistura entre os recursos da percepção, da intuição, do pensamento ou razão e do sentimento. Tal conjunto, de ingredientes ponderados e referidos à história de cada indivíduo, produz diferentes respostas a cada momento e para cada ser em particular. A figura "Z Problem", original de "Type Talk at Work by Otto Kroeger and Janet M. Thuesen. Copyright © 1992", traduz a relação entre as variáveis e a sua seqüência. O pensamento passa antes pelos sentidos e pela intuição, em uma fase mais biológica e menos racional, inicialmente.

> *Crítica é o hábito do juízo que leva a verificar as asserções de outrem antes de admiti-las e não permite afirmar mais do que se pode provar.*
> *R. Jolivet*

> *A razão é e deve ser apenas escrava das paixões.*
> *Hume*

Z Problem-Solving Model

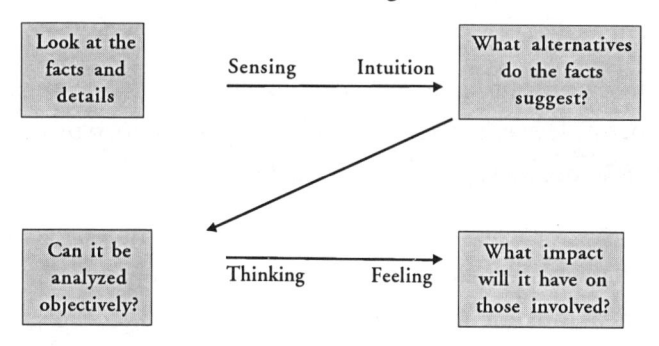

Figure from Type Talk at Work by Otto Kroeger and Janet M. Thuesen. Copyright © 1992 by Otto Kroeger and Janet M. Thuesen. Used by permission of Dell Publishing a division of Random House. Inc.

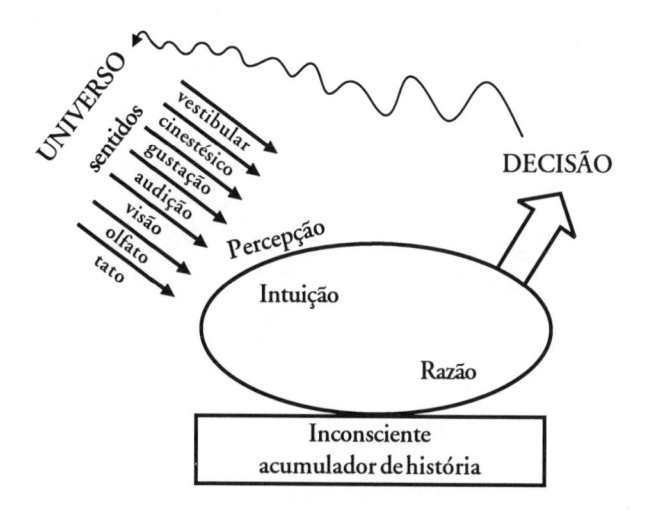

Os três tipos principais de raciocínio são sobre:

- decisões
- crenças
- objetivos

o que denota a relação entre emoções e razão no sistema humano de enfrentar os desafios.

A figura seguinte procura mostrar o ciclo simplificado de tomada de decisão, que leva em conta os sentidos e a percepção, o processo de construção das idéias e o mecanismo de decisão.

A percepção se dá pelos sentidos, que não estão limitados aos cinco conhecidos convencionalmente, mas acrescidos pelo sentidos cinestésico (movimentos do corpo) e vestibular (posição relativa dos membros).

A partir disto, a razão e a intuição procedem análises e obtém informações da história vivencial do indivíduo, até que se tome uma decisão, esta devolvida ao meio ambiente ou universo.

CAPÍTULO 10

PERSISTÊNCIA E ABANDONO

Até quando persistir, repetir ou retrabalhar um determinado assunto? Existe chance de repetição com sucesso, sem que haja mudança de conteúdo ou abordagem?

Os processos empresariais são complexos, relacionam-se com diversas variáveis sociais, produtivas, de mercado, de uma forma dinâmica, variando no tempo. Dependem não somente da criatividade, mas também da quantidade de ensaios. No campo da produção,

> *O acúmulo de pequenas mudanças quantitativas pode propor uma mudança qualitativa.*
> *(Engels)*

seja de produtos físicos, seja de serviços, a repetição dos níveis de fornecimento com estabilidade de características aumenta a credibilidade, proporciona segurança a quem usa. E, com isto, novos níveis de qualidade são percebidos.

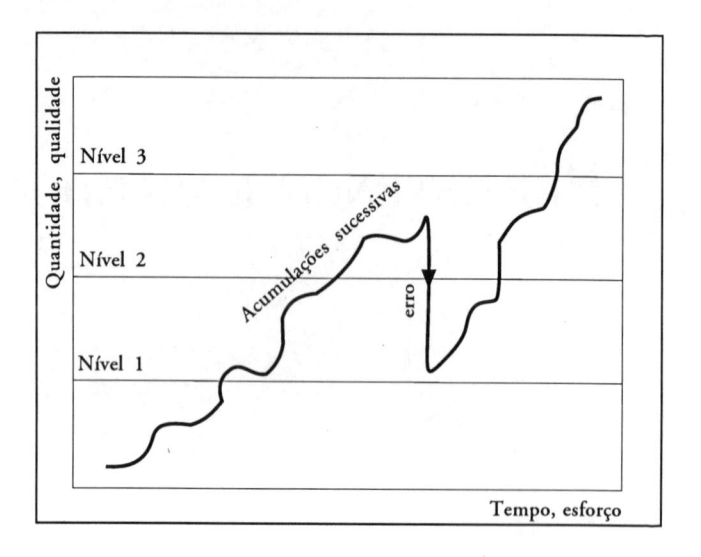

Na prática empresarial, há pouco espaço para erros, pois estes ocasionam perdas não somente financeiras, mas principalmente de imagem, credibilidade, liderança e confiança.

A figura pretende mostrar que a acumulação quantitativa gera novos patamares de qualidade. Uma falha na seqüência quantitativa de repetição produz perda de níveis de qualidade percebida alcançados anteriormente (erro).

As mudanças são processos especiais, em que alguma característica é transformada, como direção, sentido ou intensidade.

> *Odeio suas idéias, mas lutarei até o fim para que você possa expressá-las.*
> *(Voltaire)*

Uma analogia possível se faz com o exercício físico de repetição, por mudança de posição, na estética do físico humano, no qual pode haver uma nova qualidade de forma ou função

> *Os remédios inúteis só servem para complicar as enfermidades.*
> *(José Ingenieros)*

por resultado de uma série de repetições de um mesmo processo básico.

Portanto, crescimento em gestão requer novos elementos, quebra de paradigmas, mas, também, repetição, o incansável refazer, com o mínimo de erros, de um processo produtivo de valor.

A persistência é um fenômeno mais amplo do que a repetição. Ela envolve ajuste de estratégias e mudanças de enfoques, com uma finalidade conhecida.

> *Meios poderosos, mas objetivos confusos; tal é a característica de nossa época.*
> *(Einstein)*

O objeto é o mesmo, mas a forma de buscá-lo ou conquistá-lo se adapta aos recursos existentes e às dificuldades de superação percebidas.

Muitas vezes, pela insistente repetição, inicia-se uma avaliação do sentido, finalidade e valor agregado do objeto buscado, o que pode acarretar redução de atratividade da finalidade, por fatores psicológicos ou de reconhecimento de novas variáveis.

> *Os equívocos se baseiam precisamente no corte das dimensões temporais.*
>
> *Por um lado há o equívoco dos modelos retrospectivos quando supõe-se que toda a manifestação já tenha aparecido, restando-nos apenas reapresentá-la sob outras roupagens pelo resto da História. São os modelos firmados mais na subjetividade e na afetividade dos intérpretes do que no esforço de fidelidade à realidade. Por outro lado, há o equívoco dos modelos prospectivos e meramente utópicos. Estes fixam-se exclusivamente na realidade que virá. A realidade deverá ser tal que o modelo a prevê sem contar com a imprevisibilidade do movimento da realidade.*
>
> *(Olinto Pegoraro)*

O indivíduo ambiciona mais do que somente repetir. Ele deseja inovar, experimentar. Os estados transitórios na busca não devem ser iguais entre si, uns aos outros, pois os ambientes mudam, as condições se transformam.

> *O trabalho distingue a humanidade do animal.*
> *(José Ingenieros)*

Mas a fidelidade do conceito e a capacidade de se abster das dificuldades, focalizando os resultados, são características dos vencedores, dos que almejam e conquistam. É a chamada persistência.

É necessário um perfeito discernimento entre os objetivos e os meios para alcançá-los. Um objetivo é um estado de um sistema, em que determinados eventos

> *Bem feito é melhor do que bem dito.*
> *(Benjamin Franklin)*

estarão ocorrendo de forma contínua e normal (estatisticamente).

Um objetivo alcançado estabelece um novo valor a um ativo, quer seja material ou intelectual.

Já os meios são as ferramentas, os recursos que são utilizados para obter os objetivos. O bom desempenho, que se refere ao uso dos meios, não garante objetivos nobres, assim como os objetivos subli-

> *Não é o que buscava*
> *– é o que encontrei.*
> *(Pablo Picasso)*

mes também podem ser obtidos através de meios medíocres.

Objetivos e meios podem se combinar livremente, mas não são misturáveis. Não podem ser trocados e permutados entre si, nas suas funções.

Objetivos errados ou que não são alcançados conforme planejado requerem avaliação, reparo, ou descarte. A correção pode se dar nos meios de obtenção ou no conteúdo dos próprios objetivos. A correção dos meios pode se dar pela direção ou pela intensidade dos recursos. Podem ser considerados neste grupo os remédios, as drogas, as terapias, as mudanças organizacionais e os mecanismos de gestão. Caso a correção se dê nos objetivos, torna-se mais claro alterar a denominação para troca de finalidade ou escolha de novos objetos.

De qualquer forma, o interesse e a aplicação de quem se dedica aos objetivos apresenta um significado especial,

> *Nada de sentimentalismos, por favor. Eu já deixei de ser útil.*
> *(A. O. Cavanha, Obs1)*

pois é a partir da intenção e da magnitude da boa fé percebida que se estabelecem as relações de confiança e se permitem maiores ou menores variações sobre o esperado. A interpretação do que se faz, de como se faz, pelos observadores externos, possui um significado especial. É disto que resulta a capacidade de realizar, de usufruir os objetivos alcançados.

As palavras não significam tanto quanto as ações reais no sentido da correção.

> *Ama-se mais o que se conquistou com mais trabalho.*
> *(Aristóteles)*

Mas há limites. Limites humanos. Não se pode esperar que um indivíduo repita uma ação infinitamente na busca de um objetivo. Seria quase desumano. Mesmo havendo mudanças de recursos, adaptações de objetivos, há sim limites. É fato que, por vezes, aceita-se o que se encontra, adapta-se a novos patamares de exigência, aceitam-se trocas.

Em organizações empresariais, a utilidade pode ser percebida pelo nível de atenção que se dá a um colaborador, o quanto se escuta dele para as tarefas mais críticas, quanto se muda de direção pelas suas opiniões.

Há momentos de abandono, de retirada, que devem, preferencialmente, ser voluntários, de iniciativa de quem melhor pode avaliar o correto momento de ceder lugar, abrir espaço e passar para a história.

Uma característica importante das organizações de sucesso é a acumulação do conhecimento, com o crescente evitar de novos erros, ou seja, sobreviver sem repetí-los. Um sistema de absorção e retenção de conhecimento e experiência consiste em obter-se a capacidade de se referenciar às experiências já ocorridas e que servem de suporte para as futuras tomadas de decisão. Os mais antigos, normalmente, detêm histórias de sucesso e fracasso em corporações, que servem de informação aos mais jovens e necessariamente arrojados, que fazem as mudanças pelo ímpeto que detêm. Um bom equilíbrio entre a história e a experiência, contrabalançando com o ímpeto e arrojo, são uma boa receita de progresso. Esta busca do equilíbrio entre a história e o arrojo é uma arte gerencial. A Figura, apresentada pela IBM, procura explorar este sentimento de associação da acumulação de experiência, onde estariam economizados o tempo e o risco de erros, de mesmos erros, repetidos erros.

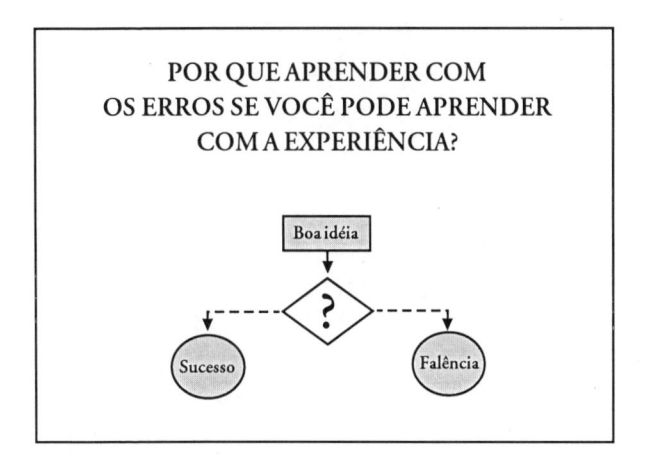

ANEXO I

COMPLEMENTOS DE CONCEITOS

Observação: muitas das frases não contém referência completa ou mesmo correta, e o autor declara que respeita correções e reparos que se façam necessários neste campo

Obs1: Armando Oscar Cavanha, pai do autor da presente obra, já falecido, à época com 81 anos, em discurso de reconhecimento de mérito científico do Clube Alfa de Ortodontia, 2000

Alguns conceitos utilizados e relacionados, complementares:

Média e Desvio Padrão = média é o objetivo de uma série de dados ou de uma seqüência de eventos (demandas, tempos de entregas, etc.). Desvio Padrão é a medida de dispersão da média, medida de risco. Quanto maior o desvio padrão, maior será o risco.

Custo da falta = valor atribuído para um registro de falta de um abastecimento, para um sistema pprodutivo qualquer, elevando-se o risco de perda de participação em mercado, penalidades por não abastecimento, paradas produtivas, imagem, etc., podendo se dar em matéria prima, insumo, recurso, conhecimento, etc.

Redundância = sistema idêntico ao principal, que entra em operação imediata assim que o sistema principal falhe ou seja indisponibilizado emergencialmente

Contingência = sistema paralelo ao principal, diferente deste, alternativo, para casos de indisponibilidade do sistema principal.

Parceria = sistemática de relacionamento comercial ou intelectual em que os participantes compartilham ações e responsabilidades, para um determinado propósito específico.

Centralização = modelo de atuação em gestão, em que há um comando central, sendo que o decisor não faz parte dos afetados pela decisão

Compartilhamento = modelo de gestão, em que um dos afetados opera, temporariamente e por acordo com os demais, como o concentrador de informações e ações, representando a si e aos seus semelhantes (gestão em nó de rede).

Risco e Incerteza = risco é a probabilidade de ocorrência de um evento, enquanto incerteza é a magnitude deste evento, caso ocorra.

Lognormal = distribuição da natureza, em que os grandes eventos ocorrem com menor freqüência, enquanto são mais freqüentes os eventos de pequena magnitude.

Valor esperado = é o resultado do produto de um valor condicionado pela chance ou pela probabilidade de ocorrência.

Função utilidade = é a comparação entre o valor esperado e a capacidade de realização de um sistema, levando em conta a função objetivo e variáveis de restrição.

Risco de demanda e ciclo = flutuação de quantidade e de ciclos de tempo.

Flutuação combinada de demanda e ciclo = convolução que leva em conta o desvio padrão de quantidades e de ciclos de tempo.

Ambiente determinístico e probabilístico = ambiente em que são tratados os dados sem levar em conta probabilidades, ou seja, com valores sem que seja fornecida a chance de existência associada.

"Trade-off" – compensador ou balanço de uma determinada situação em gestão.

"Posponement" = postergação de uma ação planejada de gestão.

O MOTIVADOR DA PUBLICAÇÃO

"Prezados colegas, gerentes do E&P,

Outro dia li um pequeno livro – cujo autor é nosso colega de trabalho – sobre gestão. O título é Ensaios em Gestão – Dez Paradoxos para Reflexão.

Simples, direto, sem firulas, de fácil compreensão. Gostei muito.

A gestão de uma grande empresa – como a nossa – não é uma coisa simples, certamente. Por causa deste postulado, a Petrobras conta com um corpo altamente qualificado de profissionais que propiciam aos seus gerentes todas as condições técnicas para atuar sem muitos problemas.

Entretanto, todo o processo decisório, das matérias mais singelas até as mais complexas, sobre as quais temos que nos debruçar no nosso dia a dia de gerentes, se fundamenta, lá no seu real início, em noções que nada têm de nebulosas ou de difícil entendimento, muito pelo contrário. A verdade é que, se não as conhecermos, se não refletirmos sobre elas permanentemente e claramente, o caminho da decisão pode virar atalho, nos levando a encruzilhadas, e a decisão acaba sendo desastrosa ou não sendo a melhor, apesar de todo o arsenal de ferramentas profissionais que temos em mãos para utilizar. O livro do cavanha visita estas noções com simplicidade e clareza.

Talvez esta seja uma constatação simplista, mas a experiência que tive nos muitos anos em que atuei como gerente me fazem ver isto com muita clareza.

Ao mesmo tempo, não desejo – nem tenho competência para tal – desmerecer, com esta afirmação, a enorme e fundamental importância de todo o cabedal de conhecimentos práticos e acadêmicos que constituem a competente base corporativa que norteia as nossas decisões.

O texto é uma espécie de manual do bom-senso básico do gestor de pessoas, processos, orçamentos, estratégias. Trata-se de um interessante exercío reflexivo sobre as dúvidas e certezas com que lidamos no nosso cotidiano.

Convencido disso, solicitei que este pequeno mas instigante livro fosse distribuído por toda a cadeia gerencial do E&P, tomando a liberdade de pedir a todos que o leiam. Penso, sinceramente, que a maioria vai gostar.

Em tempo: o Cavanha nada recebe como autor. Mas pede que, se for possível, cada um de nós deposite R$ 15,00 em favor do Fome Zero, em uma das seguintes contas:

CEF (104) Ag. 0647.5, conta corrente 2003-3, CNPJ 00.394.460/0409-50

Ou

BB (001) Ag. 1607.1, conta corrente 1002003-9, CNPJ 05.485.046/0001-61.

Abraço, Estrella!

O autor agradece ao Geólogo Guilherme Estrella, Diretor de Exploração e Produção da Petrobras, que propiciou a publicação deste ensaio. Foi a partir da decisão do Dr Estrella que o texto se transformou em uma publicação distribuída.

UM MODELO DE GESTÃO EM ÓLEO E GÁS

artigo da TN Petróleo Maio/2004

"É interessante promover a reflexão sobre as diferenças que caracterizam o E&P em relação às outras áreas de negócios da indústria petrolífera, tocando nas bases conceituais do processo decisório. O que se dispõe são esforços gigantescos para "matematizar" as decisões em E&P, com a pretensão de encontrar leis determinísticas universais que descrevam fenômenos naturais, dos quais só conhecemos a forma geométrica atual."

Guilherme de Oliveira Estrella, Diretor de E&P, PETROBRAS, Dezembro de 2003

Este é um ensaio e, como o próprio nome ensaio propõe, se trata de uma especulação de idéias para debates e entendimento sobre gestão em cadeias produtivas de óleo e gás. As limitações de conhecimento do autor permitem, por estarem sendo confessadas de forma antecipada, que os erros e superficialidades sejam corrigidos por pessoas que detenham maior conteúdo, permitindo, assim, um mecanismo contínuo de aprimoramento do conhecimento sobre o tema.

As atividades em óleo e gás podem ser consideradas como do grupamento de ativos intensivos, pelos seguintes motivos:

- Significativo dispêndio antecipado, em valor e tempo, ainda sem receita

- Alta relevância dos ativos incorporados, se comparados ao valor total do negócio

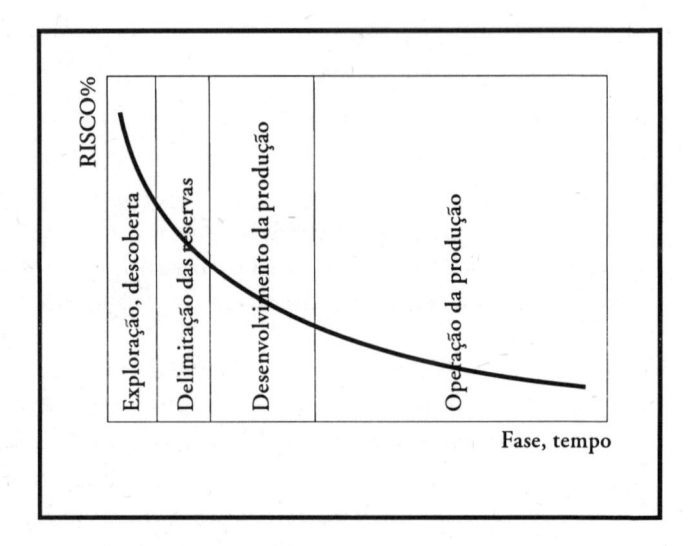

Tais fatores induzem ao pensamento de que, em tais atividades ligadas a ativos intensivos, o risco está presente de forma mais significativa, pois erros e acertos podem causar derrotas ou sucessos empresariais de maior intensidade e, também, pelo motivo de, estando presente o risco, os valores condicionados se enquadrarem em patamares de maior magnitude, quando comparados aos valores de outras atividades econômicas onde o risco não é fator diferencial.

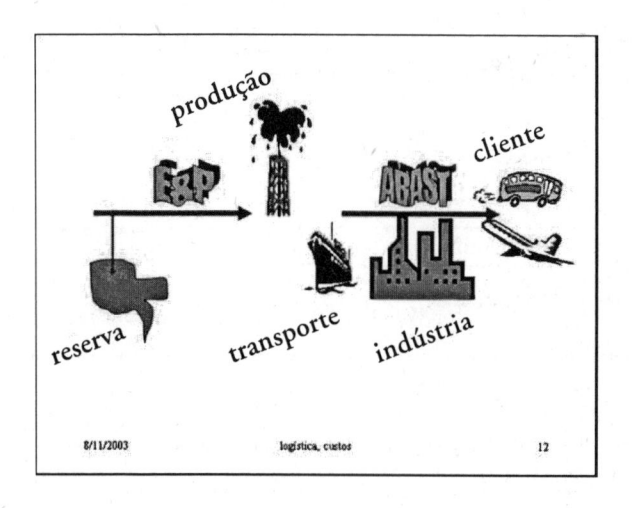

Risco, neste contexto, se refere à probabilidade de sucesso ou fracasso de um evento, como, por exemplo, a chance de uma descoberta de alguma acumulação de hidrocarboneto, na atividade exploratória de óleo e gás. Para representar as duas cadeias de negócio principais, em óleo e gás, está apresentada a figura 1, onde podem ser observadas duas áreas distintas: a Exploração e Produção, por um lado; e, o Transporte e o Refino, de outro. As atividades subseqüentes ou posteriores às duas anteriormente citadas, como distribuição de derivados, petroquímica, dentre outras, poderiam ser entendidas, para efeito deste trabalho, como de características semelhantes às de Transporte e Refino, no que se refere ao risco.

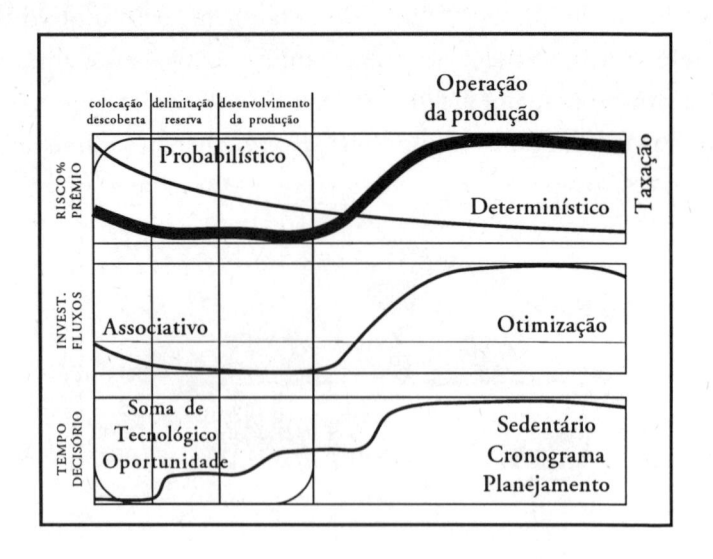

Focalizando apenas a primeira parte, ou seja, o grupamento das atividades de E&P, portanto aquelas localizadas à montante do processo produtivo, conhecidas mundialmente como "upstream", estas possuem características distintas da segunda parte, em função do centro dos ganhos, das modalidades de gerar valor, dos valores agregados e, também, da capacitação e modelo mental requeridos. Estão, intrinsecamente, associadas ao risco, aos investimentos com probabilidades de retorno variadas e significativas. Os prêmios são normalmente relevantes, mas a chance de sucesso ou de nada se ganhar é presente e influente. Assim, nos trabalhos exploratórios, principalmente em atividades nas bacias sedimentares pouco conhecidas ou menos entendidas, o pioneirismo e a ousadia de negócio necessários caracterizam uma abordagem distinta das demais etapas seqüentes da cadeia de óleo e gás. Figura 2. O conceito de valor esperado é de boa aderência neste ambiente, conhecido como probabilístico, estocástico. Valor esperado pode ser conceituado como o produto entre o valor do ativo buscado e a probabilidade de sua ocorrência. Quanto mais determinística (menor vulnerabilidade ao risco) é uma atividade, como exemplo aquelas mais à jusante do processo de óleo e gás, maior a probabilidade de sucesso nos investimentos, tendendo para o valor 100% ou 1, ou seja, o valor esperado dá lugar ao valor definido. Figura 3.

Neste campo se encontram diferenças de trabalho, de organização, de gestão. Não separar as modalidades de abordagem entre as duas partes ou, de outra forma, tratá-las linearmente, pode não propiciar os melhores resultados esperados do sistema ou, aditivamente,

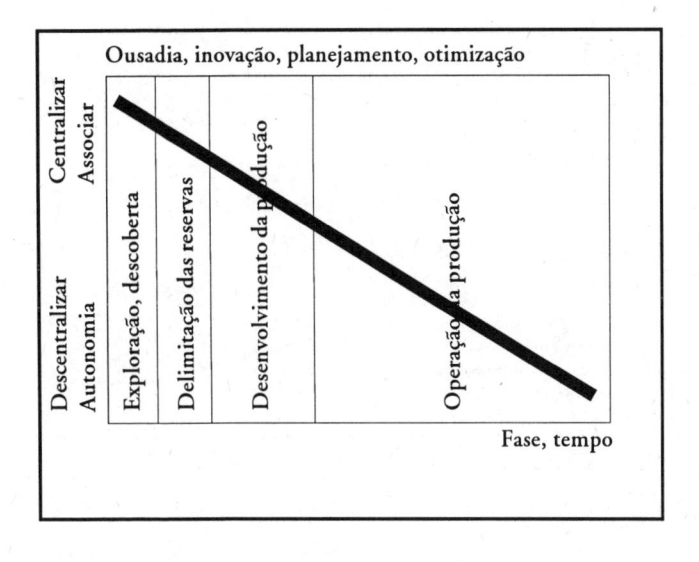

aponta para a redução da perenidade de sucesso, podendo gerar indução ao erro, por tratar, de forma equivocada, aquilo que é probabilístico de forma determinística.

Acompanhando a inclinação da curva de risco, a gestão destas atividades deveria se tratar como apresentado na figura 4, ou seja, de maneira inclinada com relação à concentração, autonomia, capacidade de associação. As características dos profissionais das duas áreas também são distintas, já que o grupo à montante se caracteriza pelo acúmulo contínuo de novidades e criatividade, muitas vezes desatreladas de um objeto fixo e metas físicas, com importante indução científica; enquanto o segundo grupo, à jusante, possui características de aprofundamento de temas pré-existentes, otimização de processos e controles sistemáticos, mesmo que tenham, em seu conteúdo, significativa participação tecnológica.

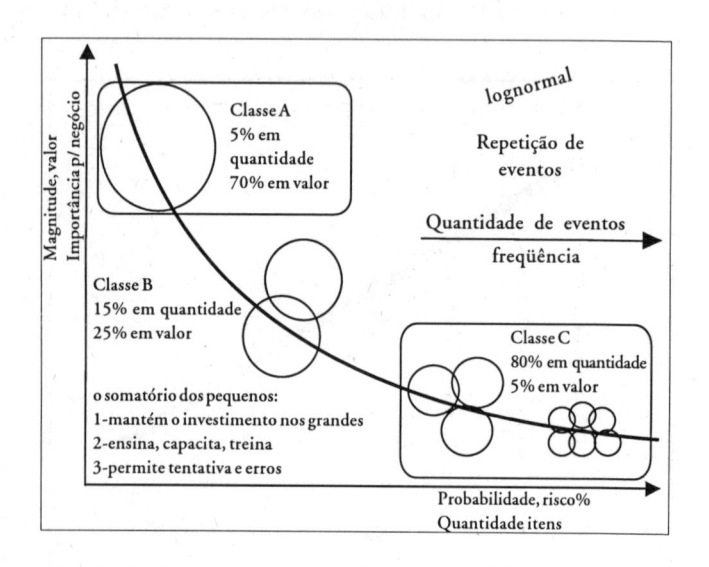

Uma boa solução para o convívio harmônico e produtivo de uma empresa com cadeia completa de óleo e gás pode ser o respeito às características de cada fase da cadeia produtiva, com gestão diferencial, tornando, cada ambiente, adequado para produzir o produto que lhe cabe promover. Colocar projetos da fase da cadeia à montante, conjuntamente com projetos de outra fase, com todos os modelos de comparação sofisticados disponíveis, pode se tornar um simplismo que, sem sombra de dúvidas, pode trazer conseqüências de perdas, em tempo, superiores a um ciclo de gestão, com recuperação permitida somente em futuro longo ou, até, com pouco provável.

Em complementação ao conceito acima exposto cabe citar que o resultado de uma abordagem completa de conhecimento na cadeia produtiva de E&P requer o convívio sinérgico com dimensões diversificadas, como mostrado na figura 5, contemplando blocos, atratividade e conceitos de natureza e dificuldades distintos, ou seja, de um lado magnitudes significativas e riscos elevados, por outro, pequenas dimensões e baixos riscos. Eventos de grande magnitude ocorrem em menor quantidade, enquanto menores eventos são mais freqüentes, no campo da natureza. Agrupar os pequenos eventos e contemplá-los perante os grandes e pouco freqüentes eventos reforça resultados maiores que comparados à simples soma algébrica de valores monetários objetivos, pois, no ambiente das probabilidades, a sinergia ocorre e estabelece a diferença entre sobreviver ou sucumbir. Vale reafirmar que a fase mais a montante do processo produtivo de óleo e gás, como a exploração, se enquadra no conjunto das ciências da natureza, de descoberta de recursos minerais, bastante distinta das demais fases, que são de cunho industrial.

Finalizando, não há superior ou inferior entre as fases da cadeia produtiva de E&P ou sobre a cadeia completa de óleo e gás, apenas são naturalmente diferentes.

LEITURA RELACIONADA

1. Ayer, A.J.; As Idéias de Bertrand Russel; Editora Cultrix USP; 1910.

2. Bachelard, Gaston; A Filosofia do Não; Presença Editorial; 1984.

3. Bachelard, Gaston; Filosofia do Novo Espírito Científico; Editorial Presença; 1976.

4. Bachelard, Gaston; O Novo Espírito Científico; Editora Tempo Brasileiro; 1968.

5. Blasius, W.; Problems of Life Research; Editora Springer-Verlag; Berlin; 1976.

6. Epstein, Isaac; Cibernética; Editora Ática; 1986.

7. Feyerabend, Paul; Contra o Método; Editora Francisco Alves; 1977.

8. Jacquard, Albert; Filosofia para Não Filósofos; Editora Campus; 1998.

9. Lentin, Jean-Pierre; Penso, Logo Me Engano; Editora Ática; 1997.

10. Monod, Jacques; O Acaso e a Necessidade; Editora Vozes; 1976.

11. Pegoraro, Olinto; Relatividade dos Modelos; Editora Vozes; 1979.

12. Poincaré, H.; Science and Hypothesis; Dover Publications, Inc.; 1952.

13. Prigogine, Ilya; O Fim das Certezas; Editora UNESP; 1996.

14. Salmon, Wesley C.; Lógica; Editora Prentice-Hall do Brasil; 1984.

15. Stevenson, Leslie; 7 Teorias sobre a Natureza Humana; Editorial Labor do Brasil; 1976.

FAÇA PARTE DE NOSSO MAILING LIST

Nome: _____

Endereço: _____

_____

Bairro: _____

Cep: _____ – _____

Cidade: _____ Estado: _____

E-mail: _____

Profissão: _____

Professor: ☐ sim ☐ não

Disciplina: _____

Áreas de interesse:

☐ Informática ☐ Didáticos

☐ Auto-ajuda ☐ Jogos

☐ Saúde ☐ Outros _____

De que forma tomou conhecimento deste livro:

☐ amigo ☐ revista ☐ jornal

☐ Internet ☐ Outros _____

Sugestões:

_____

_____

_____

CM EDITORA
CIÊNCIA MODERNA
WWW.LCM.COM.BR

ENSAIOS EM GESTÃO

Nome: _____

Endereço: _____

_____

Cep: _____ – _____

Cidade: _____ Estado: _____

Rua Alice Figueiredo, 46
20950-150 – Riachuelo – Rio de Janeiro

EDITORA
CIÊNCIA MODERNA

Impressão e acabamento

Gráfica da Editora Ciência Moderna Ltda.

Tel: (21) 2201-6662